KB232855

입문 비교교육학

입문 비교교육학

A. R. Trethewey 저

주 삼 환 역

한국학술정보(주)

역자 머리말

이 책은 A. R. Trethewey의 Introducing Comparative Education (Rushcutters Bay, Australia: Pergamon Press, 1976)을 번역한 것이다.

우리나라의 비교교육학회는 세계적으로 널리 알려져 인정받고 있으며 또 활발하게 활동하고 있으나 학부 학생이나 대학원생, 교사, 교육행정가들에게는 비교교육학이 아직도 생소하게 느껴지고 있는 실정이다. 이 책은 이들에게 비교교육학을 안내하기 위해서 번역되었다. 그러나 이용하기에 따라서는 비교교육학 전공자에게도 계속적인 참고 자료가 될 것이다.

이 책은 비교교육에 대한 (1) 일반적인 안내와 (2) 목적, (3) 발전, (4) 연구상의 주의점, (5) 여러 학자들의 비교연구방법과 (6) 비교교육학에 대한 여러 자료를 소개해 주는 내용을 담고 있다.

이 책을 교재로 사용할 경우 (1) 강의 초 몇 주일 동안에 먼저 이 입문서를 다뤄 비교교육학을 안내하고 나서 좀 더 높은 수준으로 나아갈 수도 있고, (2) 이 책과 좀 더 높은 수준의 비교연구를(예를 들면 지역연구나 비교연구를) 함께 병행하여 나아갈 수도 있고, (3) 아예 이 책을 과제로 부과하여 학생들로 하여금 각자 읽고 소화하게 하고(원서와 대조하면서 읽으면 도움이 될 것임) 더 높은 수준의 강의를 할 수 있을 것, 또 (4) 이 책을 주교재로 하고 교수가 보충하는 식으로 이용해도 좋을 것이다. 그리고 학생이 아닌 교사, 교육연구자, 교육행정가(교육정책결정자)가 혼자 읽어도 도움이 될 것으로 믿는다.

그동안 역자가 이 책의 원서를 교재로 사용하는 동안 학생들과 가

졌던 토의는 번역에 많은 도움과 자극을 주었는데 이들에게 감사하
며, 교정을 보아준 명제창 석사와 신붕섭 조교의 도움을 기억하고자
한다.

충남 대덕에서 주삼환 씀

저자 머리말

새로운 연구 분야를 초심자에게 소개하는 방법에는 여러 가지가 있을 수 있겠는데 이들 각 방법들은 강점을 가지고 있는가 하면 문제점도 가지고 있다. 있을 수 있는 한 가지 방법은 일단 새 분야가 요구하는 대로 부닥쳐 보고 그 분야의 전문가와 관련을 맺게 되면 초심자들은 금방 새로운 분야에 대하여 익숙하게 될 것이라는 가정하에 아무런 예비지식 없이 단지 사람들을 새 분야에 입문시키는 것이다. 이것은 차라리 기본적인 "가라앉기 아니면 수영해 나오기식 접근(sink or swim approach)"이라 할 수 있겠는데 한 분야에 잘 숙련되어 있고 또 유사한 방법이 이들에게 보상을 줄 것이라고 믿는 사람들에게 아주 호소력이 있다. 이러한 식의 입문과 소개는 어떤 학생들에게는—즉 동기유발이 아주 높고, 곧 이어 그 분야의 실질적 내용에 들어갈 것이고, 또 오래잖아 그 과목의 일반적 형태와 구조에 대한 이해를 발전시키게 될 학생들에게는—효과적이라는 것은 의심의 여지가 없다. 그러나 어떤 다른 학생들에게는 이 접근이 혼돈스럽고 또 당황하게까지 한다. 어떤 학생들은 새로운 영역의 과목에 대한 성격을 이해하는 데 느린가 하면 다른 학생들은 전연 그렇지 않고 하나의 전체로서 그 분야의 통합된 개념화가 이루어지지 않은 채 접하는 세부적 내용에 대처하면서 한 해 한 해, 한 과목 또 한 과목씩 그저 앞으로 나아가기만 하는 것이다.

반면에 여러 종류의 입문적 소개활동이나 입문과정을 통해서 보다 더 조심스럽게 새로운 낯선 영토로 사람들을 안내해 가는 것도 있을 수 있는 방법이다. 이 방법은 초심자로 하여금 연구분야를 보다 빨리 이해할 수 있도록 할 것이며 그래서 구체적 연구를 향하여 보다 자신 있게 전진해 나갈 수 있게 해 준다. 그러나 이러한 방법에도 또한 그 나름대로의 위험이 따른다. 실제로 역사적 연구에 들어가기 전에 그리고 직접적으로 역사편찬의 문제에 직면하기 전에 역사에 관한 너무 세세한 연구로 인하여 초점을 잃기 쉽다. 실제로 비교연구 자체에 친밀해지기 전에 비교교육학에 관한 지루한 서론적 안내로부터 얻을 수 있는 게 별로 없다. 실제적인 비교교육에의 참여 대신에 비교교육학에 관한 서론적 이야기가 안방을 차지한다면 그것은 유감스런 일이다. 뿐만 아니라 여기에 하나의 중요한 교육적 문제가 있는데 그것은 방법적 문제이다. 말하자면 어떤 특별한 나라의 교육에 관한 연구나 비교연구에서 생기는 방법적 문제를 다룰 것이냐, 또 미리 이들 문제를 예상하고 다룰 것이냐 하는 교육방법의 문제가 있다. 지금까지의 저자의 모든 경험에 의하여 전자의 방법(문제가 생길 때 방법적 문제를 다루는 방법)을 제안하며, 아니면 학생들 자신의 경험을 통해서 어떤 특정 문제가 절실해질 때까지는 적어도 기다려 보는 게 좋다고 본다.

그러나 이것이 특별한 방법문제에서 바람직할지 모르지만 예를 들어 보다 더 다른 종류의 입문을 위해서도 반드시 뒤로 미뤄 둘 필요는 없다고 본다. 여러분이 큰 대학에 입학할 때 아마 학생이 되는 문제에 대하여 자세한 토의에 직접 관여할 것으로 기대하지 않는다. 즉 보다 적절한 시기에 나중에 있을 법한 어떤 일을 위한 기회를 금방 기대하지 않는다. 그 대신 대부분의 학생들은 확실히 낯설고 복잡한 상황에서 그들이 어떠한 태도를 가져야 할지에 대한 도움을 바란다. 결과적으로 대부분이 자기들의 새로운 환경을 탐색하는 데 많은 흥미를 보인다. 이들은 장소(시설 건물)의 배치를 분명하게 익히기를 원한다. 즉 자기들이 공부할 학과가 어디에 위치하며 도서관, 실험실, 학생회관이 어디 있는지 확실히 알고자 한다. 이 학생들은 자기가 수강할 교과목에 관하여 자기들이 할 수 있는 일이 무엇이며, 누가 그 과목을 가르치고, 그 교수는 무엇을 좋아하고, 학생들에게 기대하는 것이 무엇인지 발견하려고 한다. 이렇게 해서 새로운 경험으로 대처할 수 있도록 하는 방법으로 새로운 상황을 정의하기 시작한다. 분명히 새로운 경험은 해결해야 할 문제를 일으키지만 학생이 기관과 또 전체로서의 기능에 대한 지식과 느낌을 갖고 있다면 이러한 문제까지도 보다 잘 다룰 수 있을 것이다.

마찬가지로 새로운 연구에 들어가는 데에도 여러분이 최소의 혼란을 가지고 연구를 시작하고 다음에 다가 올 문제를 보다 더 적절히 대처할 수 있도록 하기 위하여 여러분 자신이 장면을 정의할 수 있도록 도와주는 입문과 소개의 장소가 필요하다. 예를 들면 여러분은 다른 사람들이 여러분의 새로운 분야를 그 목적과 일반적 체계라는 측면에서 어떻게 기술하고 있는지 알고자 할 것이다. 여러분들은 아마 새 분야가 어떻게 해서 현재의 모습으로 발전해 왔는지, 초심자들이 피해야 할 공통적인 상징에는 어떤 것이 있는지, 이 분야에 유명한 인물에는 어떤 사람들이 있는지, 이 분야를 적절히 연구하는 방법에 일반적인 의견 일치가 있는지 없는지에 대하여 알고자 할 것이다. 나아가 여러분은 아마 연구에 이용될 수 있는 출처자료가 어디 있는지 도움을 바랄지도 모른다. 이 모든 것은 이 코스 자체를 대신하는 것이 아니고 새로운 코스의 출발점에서 얼굴 익히는 연습으로 생각될 것이다. 그러나 잘만 정리된다면 이것은 입문단계를 뛰어 넘어 이 분야에서의 여러분의 계속적인 활동에 관련 있는 참고사항을 잘 제공해 줄 수도 있으리라 믿는다.

이 입문비교교육학이란 책은 이 두 가지 목적을 염두에 두고 쓰였다. 즉 이것은 (1) 초심자들로 하여금 한 연구 분야로서의 비교교육학과 친밀하게 하고, (2) 여러분이 비교연구를 하고 견고하고 생산적인 방법으로 연구를 발전시키는 데 따르는 문제에 보다 더 적극적으로 참여할 때 계속적인 참고문헌을 제공해 준다는 두 가지를 의미한다.

이 책이 나오기까지 오스트레일리아의 Monash 대학교 비교교육학 코스의 학생들의 도움이 컸다. 수 년 동안에 걸쳐 번창하고는 있지만 아직 명확하게 정의되지도 못한 연구 분야에서 나타나는 문제에 부닥칠 때마다 학생들이 하는 질문들 때문에 이와 같은 책의 필요성을 느끼게 되었고 또 학생들의 관심과 반응은 저자에게 보람된 경험을 주는 어떤 해답을 제공해 주려는 시도를 하도록 만들어 주었다. 국내외의 많은 사람들이 이 책을 전개시키는 데 도와주었고 집필의 마지막 단계에서 Connie Stuart의 능숙한 타자와 인내심에 대하여 감사한다. 말할 것도 없이 비교교육학의 많은 훌륭한 동료들에게 진 빚은 멀지 않아 곧 이 책에서 나타나게 될 것이다. 만일 비교교육학에 대한 저자의 표현과 동료들의 기여가 이를 정당화시키지 못하였거나 이 책이 실패작이 되었다면 전적으로 저자가 책임을 져야 할 것이며 그 좋은 동기—비교교육학의 풍부한 다양성과 도전에 초심자를 소개하려는 바램—는 인정되어야 할 것이다.

A. R. Trethewey

Monash 대학교, 1975.

목 차

제1장
비교교육학과의 첫 만남

제1장 비교교육학과의 첫 만남

첫 만남과 소개는 언제나 이해하기에 좀 까다로운 것이어서 우리가 깨끗하고 간결하며 일반적으로 받아들여지는 비교교육학에 대한 정의를 갖고 출발할 수 있다면 많은 양의 시간과 심지어는 새 분야에 대한 스트레스까지도 줄일 수 있으리라 본다. 적어도 우리는 처음에 우리가 서 있는 위치에 대하여 알아야 할 것이다. 그러나 불행인지 다행인지 이러한 깨끗하며 간결하고 일반적으로 받아들여지는 정의는 아직까지 없다. 사실상 비교교육학에 대하여는 아직 다양하게 각각 달리 이해하고 있다. 이러한 이해의 일부를 여러분에게 소개하는 것이 이 책의 중심 목적이다. 이런 과정에서 아마 여러분은 여러분 나름대로의 비교교육학을 정의하게 될 것이고, 더 나아가서 여러분 자신이 앞으로 가르치는 데 있어서, 뿐만 아니라 보다 일반적으로 교육에 있어서의 사고와 의사결정을 하는데 있어서 비교교육학의 유용성을 알게 될 것이다. 이 중 어떤 경우든 여러분이 이 특별한 연구 분야를 알기 위해 노력한다면 비교교육학에 대한 친밀감(friendship)은 더 오래 지속될 것이다.

우리의 연구가 교육에서의 비교에 관심을 가지고 있다고 분명히 말할 수 있지만 교육연구의 거의 모든 영역이 어떤 단계에서는 비교를 적용하기 때문에 이것이 매우 독특하다거나 비교교육학을 탐구영역으로서 정당화시킨다고 말할 수는 없다. 이 분야에 가장 잘 알려진 공헌자 중의 한 사람인 **George Bereday**는 비교교육학을 "외국의 교육제도에 대한 분석적 연구"**1)**라 말하고 있다. 물론 "분석적 연구"가 무엇을 의미하느냐에 많은 문제가 있다. 예를 들면 **Issac Kandel**은 비교교육학은 "국가교육제도들 사이에 차이를 일으키는 요인들을 분석·비교"**2)**하는 것을 추구한다고 말하였는데 그래서 그는 교육제도를 기술하기 시작하고 역사적 분석방법으로 관찰한 차이를 설명하는 데 착수하였다. 그러나 **Harold Noah**와 **Max Eckstein**은 비교교육학은 "사회과학과 교육학, 국가간 비교연구의 교차로"**3)**에 있다고 쓰고 사회과학방법을 적용해야 한다고 주장한다. 비교교육학에 대한 이러한 지각의 차에 대하여는 나중에 탐색하게 될 것이지만, 이들과 다른 사람들이 공통적으로 갖고 있는 특별한 관심사는 국제적 관심 또는 문화교차적 관점에서 교육과 교육제도를 연구하는 것이다. 비교교육학은 항상 다른 사회에 있어서의 교육적 아이디어와 과정, 그리고 실천에 관심을 집중하여 왔다. 앞으로 우리가 살펴보게 되겠지만 이것은 결과적으로 이 분야에 대한 여러 가지의 다양한 정의를 가져오게 될 여러 목적과 여러 방법으로 이루어졌지만 공통적인 것은 강력한 국가 간 비교, 문화 간 비교의 강조이다. 예를 들면 교육실제나 과정에 대한 여러분의 이해를 넓히기 위하여 한 나라나 한 주의 좁은 경계를 넘어서 다른 문화환경 내의 교육을 여러분에게 소개해 주는 일련의 지역연구(area study)로 표현될 것이다. 이것은 여러분 자국의 교육 체제 내에서 여러분이 인지하는 것과 아주 똑같이 나타나는 문제에 대해서 다른 사회에서 취하는 반응에 대한 연구 형태를 띨 것이

---

1) Bereday, G. Z. F., *Comparative Method in Education*, Holt, Rinehart and Winston, New York, 1960. p.ⅸ.
2) Kandel, I. L., *The New Era in Education*, Harrap, London, 1954. p.8.
3) Noah, H. J. and Eckstein, M. A., *Toward a Science of Comparative Education*, Macmillan, Toronto, 1969. p.184.

다. 여러분은 다른 사람들의 경험에 근거하여 지역문제에 대한 가능한 해결 방안을 찾고자 할지도 모르고 아니면 여러분의 나라에서의 교육적 노력이나 실제가 더 넓은 세계적 맥락에서 어떻게 되어 가고 있는지 알고자 할지도 모른다. 반면에 여러분은 교육과 사회의 특별한 관계에 관한 명제들을 검증하기 위하여 또는 교육의 과정을 좀 더 자세히 밝히기 위하여 다양한 교육제도로부터 나온 증거를 사용하고자 할지도 모른다.

그러나 비교교육학이 국가 간 비교 또 문화 간 비교의 강조로 특징지어진다고 말하는 것은 마치 과거에는 주로 역사가들이 관심을 두었다고—이것은 가장 예비적 방법으로만 도움이 된다고—말하는 것과 같다. 예를 들면 비교교육학의 목적과 정당한 관심영역과 적절한 연구방법이란 측면에서의 보다 정확한 정의는 계속적으로 논쟁을 불러일으키고 때로는 서로 모순 되며 일정하지 않은 해답을 요하는 문제이다. 이 책은 학문적이면서 동시에 유용한 방법의 측면에서 비교교육학을 정의하는 중심문제와 토론의 광장에 여러분을 소개할 의도로 쓰였다.

어떤 점에서 보면 비교교육학이 아직도 입문과 소개를 필요로 한다는 것은 이상한 일이다. 결국 사람들은 수백 년 동안 다른 나라에서의 교육제도와 실제를 비교해 왔고, 비교교육학은 금세기 대부분 교사교육과정에서 그 위치를 확보해 왔다. 확실히 누구나 비교교육학에 대하여 알고 있다. 그럼에도 불구하고 이것은 정확한 지적이다—비교교육학이 너무나 잘 알려져서 낡은 형태의 틀(stereotype)에 박힐 위험이 있다. 지난 15년 동안 이 분야에 중요한 변화가 있었기 때문에 이제는 재검토와 재정의의 과정을 包含하여 이것을 잘 알려진 연구분야로 재소개할 필요가 있다. 이러한 재 소개는 현재 어떤 위치에 있든 낡은 틀을 깨는 데 도움이 될 것이며, 재정의에 따른 논쟁과 혼

동의 와중에서 현재의 경향과 대안적 접근을 명백히 하는데 도움이
될 것이다.

낡은 관점과 그 결과

　최근에 저자의 동료 몇 명에게 과거의 코스에서 비교교육학에 대하
여 가지고 있는 기억에 대하여 말해 달라고 요청하였더니 대개 틀에
박힌 듯이 "다른 나라에서의 교육"으로 생각하였고 또 때로는 재미있
으나 흔히 결과 없는 학문이라고 말하였다. 그들은 현행(doing) 여러
외국 교육제도를 기억했다. 즉 학교제도에 대한 아주 단조로운 기술
적 설명을 들었는데 때때로 연구 대상 나라들에 대한 약간의 천연색
슬라이드를 보여 주었으며 교수들의 간략한 방문기가 생생하다고 회
상하였다. 대개 거의 본질적인(sustained) 비교 없이 한 나라나 지역
의 연구에 강조점이 주어졌다. 몇 사람은 교수가 어떤 나라의 외국여
행에서 방금 돌아온 사람이었다고 회상하면서, 이것은 공부하고 있는
나라에 대한 전문적 지식이나 비교교육학의 전문적 연구라기보다는
교수가 참여했던 것에 근거한 단순한 이야기였다고 회상하였다. 이들
은 비교교육학이 교육심리학이나 교육사나 교육철학과는 달리 하나의
확립된 모학문인 교육학과는 분명하게 관련을 맺지 못하고 있는데,
부분적으로 이런 이유에서 여러 종류의 배경―지리학, 언어연구, 특히
역사―을 가진 학자(contributors)들의 관심을 끌었다고 주장하였다.
이런 이유로 해서 학문의 범위와는 무관하게 정의와 실제가 다양하게
되었다.
　물론 동료들의 이러한 회상은 시대적으로 과거의 것이고 반드시 대
표할 만한 것이거나 공정한 표현이라고는 볼 수 없다. 그렇지만 비교

교육학의 하나의 낡은 관점을 나타낸 것이라고 다른 곳에서도 잘 묘사된 것으로 저자가 들어온 이야기이다. 많은 사람들이 비교교육학을 다른 나라에서의 교육에 대한 기술적 설명을 제공하는 것으로 생각하지만 하나의 확립된 모학문에 뚜렷이 뿌리를 두지 않고 결국 느슨하고 일반적인 제한된 깊이의 연구영역이 되는 것으로 지각하고 있다.

이런 지각의 결과가 이 분야를 더욱 빈약하게 만들었다. 예를 들면 비교교육학은 교사교육에서 중요치 않은 위치, 그리고 최근까지 위축되고 있는 위치를 점유하고 있다는 것을 이상하게 여기지도 않는다. 제한된 코스시간을 경쟁적으로 미루고 있는 다른 연구 영역, 특히 교육심리학과 교육사회학의 빠르고 때로는 무서운 성장 때문에 단지 일반적 관심과 문제성을 안고 있는 학문으로 알려져 왔던 이 분야의 연구에의 요구는 강력하지 못하다. 예를 들면 1940년대와 1950년대 교사교육에 있어서 표준코스의 과목 중 하나가 되는 것에서, 비교교육학은 자주 탈락되기도 하고 "사회에서의 교육(education in society)" 또는 "교육의 사회적 기초(social foundations of education)"와 같은 다른 과목 속에 포함되기도 하고, 선택적 과외과목이나 선택과목으로 설강되기도 하였다.

그러나 이외에도 비교교육학은 교사교육 이외에는 한정적으로 사용된 것으로 보인다. 다른 나라들의 경험, 특히 문화적으로 또는 전통적으로 우리나라의 것과 연관된 나라에서의 경험이 지역적 문제의 분석과 나아가서는 해결에까지 유용하다는 일반적인 입장은 받아들여지고 있고 또 실제적으로 외국으로부터의 교육차용이 발생하고 있지만 비교교육학을 의미 있게 기여하는 학문 분야로 보지는 않았다. 낡은 고정관념에서 보면 확립된 지적투자나 또는 비교를 위한 검증되고 증명된 절차를 통해서 제공할 가치가 별로 없는 것으로 볼 수 있다. 정부의 조사보고위원회에 교육의 특수문제를 조사 검토해 보라고 요청하였을 때 이 조사위원회는 다른 나라의 경험을 참고하기 위하여 다른 나라로 위원 몇 명을 해외로 파견하지만 별로 비교연구를 위촉하지 않고 비교교육학의 전문가의 도움을 구하지도 않는다. 많은 나라에 제한된 수의 이러한 전문가들이 있지만 기본적으로 그들이 활용될 가능성은 아직 밝혀지지 않았다. 이에 대해 **Edmund King**은 이것은 부분적으로는 비교교육학이 교사교육 코스의 연구과목으로 내적 번식만 하고 교육의 실제적이고 생생한 문제에 관한 의사결정에 기여할 수 있도록 발전하지 못했기 때문**4)**이라고 주장한다. 결국 비교교육학자는 아직 자신의 유용성을 실증적으로 보여주지 못했다.

그러나 이제 비교교육학자가 그 유용성을 보여주기 시작하고, 그러한 과정에서 다른 사람들이 심지어는 자신조차도 자신의 활동을 제한해 온 낡은 고정관념에 도전하고 있다는 분명한 징조가 현재 나타나고 있다. 사실상 학생과 교사, 행정가, 교육에 관심을 갖고 있는 다른 사람들을 위하여 커다란 가능성을 갖고 있는 역동적 분야의 최신 설명을 제공해 주는 것이 이 입문서의 목적이다.

비교교육학에 대한 새로운 관심

1972년 프랑스 파리에서 창립총회가 열리면서 세계비교교육학회(**World Congress of Comparative Education Societies**)가 설립되고 유럽, 한국, 일본, 미국, 캐나다에 이미 존재하던 학회와 연결되게 되었다. 1973년에 호주 국제비교교육학회(**Australian and International Comparative Education Society**)가 된 창립총회는 모든 지역으로부터의 참여

---

4) King, E. J., Comparative Studies and Policy Decisions, *Comparative Education*, iv, 1967. pp.51-63.

자가 있었고 프랑스의 새 학회와 함께 호주의 학회는 같은 해에 세계비교교육학회에 가입했다. 새 학회는 네덜란드와 스페인에서 설립되고 다른 곳에서도 이어서 설립되었다. 이러한 학회와 그 세계회의는 굳건한 기반 없이 터무니없는 초대형 조직이 아니라 교육의 국제적 차원과 비교 차원에 많은 사람이 새로운 관심과 참여를 보여준 결과라 할 수 있다.

새로운 관심의 이유가 장소에 따라 다르다는 것은 의심의 여지가 없으나 현재로서 많은 나라에서 많은 굵직한 이슈와 문제에 대해서 국제적 성격에 대한 인식이 고조되고 있으며, 이러한 종류의 인식은 논란이 되고 지구촌으로서의 세계의 것으로 인식된다는 논쟁이 되긴 하지만 세계를 하나의 지구촌으로 보려는 그런 인식이 있다는 것은 아마 사실일 것이다. 예를 들면, 라디오와 텔레비전, 통신위성을 통한 전 세계적 상호소통체계로 인해 인간이 어디에 있든지 인간의 열망과 욕구를 무시한 채 그대로 있기는 점점 더 어려워지고 있다. 베트남과 중동의 전쟁소식과 그 참혹한 결과에 대한 소식, 에티오피아의 기아, 인도의 홍수, 북아일랜드와 미국 시민의 소요에 관한 소식은 고립을 깨뜨리고 또 국경을 초월한 인간성과 공통성을 보여 주면서 국경을 넘어 세계 시청자에게 전달되고 있다. 기본적으로 다른 사회와 문화에 대한 정보와 박식한 논평에 대한 요구가 증대되고 있으며 뿐만 아니라 각 국가에 부딪치는 많은 주요 문제가 사실상 세계 문제라는 인식이 점점 현실화되어 가고 있다. 예를 들면 인구폭발, 식량부족, 국가 간 부와 발전 격차의 심화, 대기오염과 수질오염, 에너지원의 감소와 대체불가능 등의 문제는 국가 간의 협력을 요구하고 있다.

교육문제 역시 점점 넓은 지역 또는 세계적인 문제로 보여지고 있으며, 교육문제의 문화비교적 강조와 또 앞으로 우리가 살펴보게 되는 것처럼 전통적인 개혁에의 개입과 국제 협조의 필요성으로 인해 비교교육학은 전에 별로 주의를 기울이지 않았던 많은 사람들에게 새로운 의미를 주고 있다. 이의 단적인 표현을 제네바의 국제교육국(International Bureau of Education: IBE)이 현재 다시 활발해지는 것에서 찾아볼 수 있다. 교육에 관한 정보교환을 위한 중개소(clearing house)로서 1925년에 창립된 IBE는 UNESCO의 후원과 Leo Fernig의 지휘하에 새로운 진로를 찾고 있는데 교육 자료의 교환에 대한 증대되는 요구에 부응하기 위하여 점점 더 다양한 서비스를 제공하고 있다.

그러나 스웨덴의 저명한 교육자 Torsten Husén이 왜 "교육의 국제화"라고 불렀는가에 관한 가장 명백한 증거는 많은 종류의 국제기구의 형성과 활동에서 찾아야 한다. Phillip Jones가 썼었던 것처럼 "비교교육학자에게 교육성지(Mecca)가 있다고 한다면 그것은 틀림없이 유네스코 본부가 있을 뿐만 아니라 그 지부, 교육계획국제기구(International Institute for Educational Planning: IIEP, 1963)가 있으며 경제협력개발기구(Organization for Economic Cooperation and Development: OECD, 1960)도 창립된 파리가 될 것이다."[5] IIEP의 계획관계문헌과 OECD의 지중해지역계획(Mediterranean Regional Project)과 회원국과 그 보조기구의 활동에 대한 국가교육정책보고(Reviews of National Policies for Education)란 학술지, 교육연구혁신센터(Center for Educational Research and Innovation: CERI)는 교육계획과 개발에 대한 국제적 협조를 위하여 중요한 기여를 하였다. 유네스코와 서독 정부의 공동 재정 지원을 받는 스트라스부르(Strasbourg)의 유럽협의회(Council of Europe) 또는 함부르크(Hamburg)의 교육기구(Institute of Education)의 공헌을 빼놔서는 안 될 것이다. 영국에서는 회원국 간의 교육의 협동

---

5) Jones, P. E., *Comparative method in the light of recent studies of school system*, (paper presented at the Annual Conference of the Australian Comparative and International Education Society, Canberra, 1974). p.9.

과 보조의 증진을 위한 연방교육연락위원회(Commonwealth Education Liaison Commit tee) 연방장관회교육부(Education Division of Commonweal th Secretariat)의 업적도 또한 주의할 만한 價値가 있다.6)

비교교육학에 대한 새로운 관심의 가장 중요한 징조는 국제교육성취도평가회(International Association for the Evaluation of Educational Achievement: IEA)의 활동에서 나타나고 있다. 1950년대 중반 12개국 교육연구기관의 대표자들의 토의에서 계획된 IEA는 특정 교과목의 학생 학업성취에 의해서 측정된 교육제도의 효율성에 관한 일련의 야심적인 국제연구를 착수하였다. Husén은 이렇게 쓰고 있다.

> 우리가 교육은 인간자원의 도구로 또는 경제성장과 사회변화를 가져오는 도구로 인정하면 할수록 우리를 둘러싸고 있는 세계가 이러한 놀랄 만한 다양성을 보여 주는 근원인 교육제도의 뿌리를 조사할 필요성은 더욱더 절실해진다. 교육제도의 발전과 '생산성'의 이면에 있는 원인적 요인의 탐색에는 그 요인들이 실제로 기능할 때 그 제도에 해당되는 경험적 자료와 국가를 초월한 타당한 변인을 찾아야 할 필요성이 있다.7)

1959년 Foshay의 탐색연구에 이어 IEA는 1967년에 마지막으로 발행된 12개국 수학성적에 관한 연구를 시작하였다. 1966년에는 과학, 독해, 문학, 외국어, 시민교육으로서의 불어와 영어의 성취도에 관한 후속연구를 시작하였다. 계획은 또한 교사행위와 학생성취도, 동기, 학습전략, 교육제도의 의사결정, 취학전교육과 초등학교독서능력의 추수연구

---

6) 여러 가지 국제기구에 대한 논의는 제3장의 국제란 내용과 제7장의 IEA부분, 제8장의 학회부분 국제조직 부분을 보라
7) Husén, T.(ed.), *International study of Achievement in Mathematics*, Wiley, New York, 1967. vol. i , p.19.

를 준비 중에 있다.8)

이러한 연구로서의 비교교육학의 중요성과 일반적으로 국제적 조직의 활동의 필요성은 아주 막중하다. 이러한 연구로 인해 비교교육학은 교사를 위한 형식적 코스에서 대중의 관심영역(public arena)으로 옮겨졌으며, 비교교육학의 실제적 유용성(그리고 문제점)이 증명되었으며 또 확실히 한 연구 분야로서의 비교교육학의 발전에 특히 그 방법론과 관련하여 관심을 갖고 있는 사람들을 자극하였다. 특히 **IEA**의 과거는 경험적, 계량적 연구에 강조점을 두고서 타당한 국가 간 비교의 매우 오래된 몇 가지 문제에 어느 정도 새롭고 발전된 해답을 주는 검토의 기반이 되었다.

그러나 지역적이거나 세계적인 문제로 생산되는 것에 대한 국가정부와 국제기구의 반응과 교육에서의 협력의 필요성은 아주 별문제로 한다 해도 점점 더 많은 학도들이 세계규모의 사건과 사람들의 상호연결에 민감하고, 이들의 사고를 한 나라로 한정하거나 세계와 세계 내에서 그들의 역할에 관한 과거의 공식을 무비판적으로 받아들이지 않는다는 것도 또한 분명하다. 이런 학도들에게 비교교육학은 외부지향의 문화비교적, 국제적 접근을 제공해 주고, 여러 곳에서 교육과 사회에 관한 지식을 발전시켜 주며, 비교분석을 위한 체계를 제공하도록 도와준다. 오늘날 요구되는 것은 설명적인 여행담이나 "다른 나라의 학교"가 아니라 보다 넓은, 나아가서는 세계적인 관점에서 우리 자신의 제도, 가치, 실제에 대한 검토이며, 교육에서 종종 일어나는 문제에 대한 진지한 연구와 경제적, 정치적, 사회적인 문제를 해결하는 데 창조적으로 도움이 되는 교육의 역할이다. 확실히 낡은 고정관념은 사라져야만 한다.

---

8) International Association for the Evaluation of Educational Achievement, Information brochure, (Stockholm, 1970).

교육과 다른 문제에 대한 세계적 관점에 큰 관심이 증대되고 있다는 증거와 함께 비교교육학에 관심이 고조되고 있는 데 대해서 지역적이면서 아주 지방적인 이유들이 있다. 예를 들면 유럽 비교교육학회(Comparative Education Society in Europe)는 여러 나라에 지부를 두고 있으며 공통적인 지역적 관심을 나타내고 있다. 단지 서로간의 지리적 근접성뿐만이 아니라 무역, 문화, 정치적 결속을 통한 밀접한 공식적 관계는 서로 간의 교육제도에 대한 지식과 이해가 바람직하다는 상황을 만들어 주고 또 공통적인 문제의 해결에는 협동이 절실하다는 상황을 만들어 준다. 이제 오스트레일리아에서도 파푸아뉴기니, 인도네시아, 말레이시아, 싱가포르, 일본, 중국 등과 같은 북반구에 대해서 상당한 관심을 갖는다. 보다 많은 학생들이 아시아의 언어, 역사, 정치적 배경을 가지고 학교와 대학에 들어오고 있으며(역주: 이민으로), 그리고 경제적, 문화적, 정치적 교류(links)가 확대되기 때문에 지역적인 교육연구에 대한 관심과 전문화가 더욱 발전될 가능성이 있다. 아마 오스트레일리아 교육자들에게 있어서 영국과 미국은 주요 참조국가로 있을 것이며 비교교육학의 연구에 강력한 위치를 차지하겠지만 이들 나라들도 점점 더 오스트레일리아와의 새로운 유대관계를 반영하는 연구를 하게 될 것이다. 이러한 사실은 La Trobe, Macquarie, 그리고 Monash 대학교에서 개설되는 코스에서 벌써 입증되고 있다.

완전히 여행자가 되는 위험성에도 불구하고 때때로 비교교육학의 부활은 세계나, 지역의 변화와 문제에 대하여 새로이 지각되는 적절성을 거의 다루지 않았다는 점에 주의할 가치가 있다. 어떤 곳에서는 이것이 교사교육구조의 변화와 같은 거의 외적요인 때문이다. 예를 들면 오스트레일리아에서 하나의 요인은 교사교육에 포함된 학생과 교사의 수적 증가를 가져왔다. ―이제는 하나의 관심집단인 호주 국제비교교육학회를 지원하기에 충분한 비교교육학에 적극적으로 참여하는 사람들이 있다. 다른 요인은 교사를 위한 준비과정의 연장, 특히 초등교사 준비과정이 2년에서 3년－최근엔 4년에로의 연장－이었다. 점점 더 전에 없던 연구시간이 확대되었다. 이외에도 학년 단위 교과로부터 학기 또는 반년 단위로의 바뀜과 모든 학생에 공통되는 과목으로부터 일정 범위의 코스 개설 중에서 선택하는 것으로의 이동이 있었다. 이런 상황에서 비교교육학을 생각하는 사람들은 교사들로 하여금 그들의 관심을 공유하고 비교교육학의 발전을 위한 기반을 다지는 많은 기회를 가지게 하려는 의도를 가졌다.

그러나 교육연구와 다른 연구를 위한 상황이 변화하고 있을 뿐만 아니라 이와 관련하여 비교교육학 자체가 교육에서의 지식과 정책결정과 개선에 대한 그 기여도를 궁극적으로 향상시키는 재정의의 과정으로 진행해 가고 있다. 만일 우리가 30여 년 전에 비교교육학을 논의하였다면 우리는 아마 아주 쉽게 그 범위와 내용, 방법을 정의할 수 있었을 것이다. 그러나 이제는 옛 개념이 도전을 받고 새로운 접근이 발전됨에 따라 상당한 혼란이 일고 있다. 사실상 최신의 서적과 학술지를 읽어 보면 비교교육학은 아직도 그 정체성을 찾고 있는 실정에 있다는 암시를 받을 수 있다. 예를 들면 1960년대 후반과 1970년대 초반의 문헌에는 주요 저자들이 적어도 세 가지 특징을 공유하였다는 것이 분명해진다. (1) 이들은 이 분야의 기원과 발전에 놀랄 만한 관심을 가졌고, (2) 방법론을 정의하는 데 관심을 쏟았고, (3) 교육정책에 이 분야의 유용성, 적절성, 시사점이란 측면에서 비교교육적 일을 정당화시켜야 할 강한 필요성을 공유하였다. 비교교육학의 기원과 그 출발의 성격을 발견하고, 주체적이고 타당하며 수긍할 만한 방법을 확립하고, 그 유용성을 보여 주는 일과 관련하여 하나의 연구 분야로서 정당성을 위한 보다 기본적인 열망을 찾아내는 일도

가능하다. 말할 것도 없이 이런 열망이 확실히 비교교육학에만 독특한 것도 아니고 또 학문적 존경심에 대한 소망에 의하여 주로 동기유발된 것도 아니다. 근본적으로 하나의 젊은 학문 분야가 성숙하려는 성장의 표시이며, 학문적으로 또 사회적으로 적절한 방법을 통해서 발전하려는 진지한 의도가 포함되었다.

물론 특정 연구 분야의 정체성이나 정당성에 대한 논의는 곧 내부성찰의 측면과 비생산적이고 어느 정도 감상적 측면으로 기울어지기 쉽다. 그러나 낡은 고정관념을 깰 뿐만 아니라, 교육연구와 교육계획과 개혁에 보다 더 실질적인 기여를 하는 것으로 만들 수 있는 그런 방법으로 비교교육학을 재정의 하려는 순수한 관심이었다. 비교는 여러 종류의 목적으로 이루어진 교육제도들 사이에서 이루어진다는 것을 인정하면서 비교의 과정 특히 교육적 차용(educational borrowing)의 과정에서 경솔이란 함정에 빠지지 않도록 사람들을 주의시킬 필요가 있고, 또 확실히 견고하고 가능한 한 생산적인 방법의 개발을 북돋아 줄 필요가 있다. 그리고 이것들은 비교교육자들이 자신들을 위하여 마련해야 할 과제이다.

이 비교교육학의 입문서는 다음 여러 독자에게 의미를 가진다. 직접적으로 또는 "다른 사회의 학교"나 "교육에 있어서의 국제적 관점," "교육에 있어서의 문화비교적 연구"와 같은 비교교육의 변형 중 하나에 처음으로 비교교육학을 연구하는 학생들을 주로 겨냥하고 있다. 그러나 저자가 바라기는 다른 사람들에게도 똑같이 잘 이용되었으면 한다. 예를 들면 비교교육학의 지식이 제한되었거나 초기에 습득하였던 교육연구의 다른 분야에 종사하는 사람들에게 흥미를 끌 것이다. 그러나 이에 더하여 학생들과 교육자들이 어떤 자연스런 독자로 형성되는 반면 어떤 주장이나 정책결정을 뒷받침하기 위한 근거로 교육제도들 간의 비교를 자주 활용하는 사람들에게 보다 체계적이고 엄격한 비교연구가 필요하다고 확신시키는데 격려가 될 것이다. 오스트레일리아의 상황에서 교육과정이 개발되고 또 그 교육과정이 적용될 문화적 교육적 상황에는 관심을 별로 기울이지 않은 채로 다른 나라, 흔히 영국이나 미국으로부터 특정 교육과정을 통째로 들여오려고 하는 사람들을 저자는 쉽게 생각해 볼 수 있다. 또는 가난하고, 개발도상의 주로 시골 사회에서의 경험과 분석에 바탕을 둔 교육을 비난하고 이것을 사실상 아주 다른 상황에 이식시키려고 하는 사람들을 다시 생각해 볼 수 있다. 이런 때 이들은 변화에 대한 분석이나 현실적 제안을 확신시키는 데 실패할 뿐만 아니라 가치 있는 아이디어와 통찰이 될 수 있는 것을 왜곡하고 덜 효과적으로 만든다.

최근에 **Edmund King**은 비교교육학이 사범대학과 교육학 교수의 전유물로 제한되었다고 자주 말하면서 교육에서의 문제해결과 의사결정을 위한 공중의 무대로 풀어놔야 한다고 주장하였다. 이 입문서가 주로 교사교육에 쓰일 것이지만 확실히 이 분야의 좁고 제한된 이해 수준에 머물러 있는 것은 아니다. 이 책 전체를 통하여 강조하는 주장은 점점 더 비교교육학은 교육에 종사하는 모든 사람들에게 유용하고 사실상 없어서는 안 될 지식과 분석의 틀을 제공해 주고 있다.

그러므로 이 소개서와 입문서는 오히려 다양한 역할이나 관심을 가지고 있는 많은 사람들이 도움이 된다는 것을 발견하게 되는 방법으로 비교교육학의 가능성을 탐색하고자 한다. 배경을 마련하기 위하여 연구가 진행되어 온 주요단계를 확인하고, 또 어떤 형태로 현재에 이르게 되었는지 각 단계의 계속성과 현대의 주요경향 두 가지에 관심을 기울이면서 이 분야에서의 관심과 활동의 현재까지 발전과정을 간단히 설명하면서 이 책은 출발한다(역주: 제2장). 주요 공헌자들이 그들의 노력으로부터 나오기를 희망하는 산출에 대하여는 물론 이 분야의 범위를 확인하려는 노력으로 비교교육학의 목적을 재고려하는 것으로 이어진다(역주: 제3장).

비교교육학의 몇 차원과 목적을 확립한 배경을 가지고 다음 단계는 특정 목적 달성을 위하여 연구가 나아가야 할 것으로 저명한 비교교육학자들이 제시한 몇 가지 비교연구방법을 독자들에게 소개하는 것이다(역주: 제5~7장). 그러나 이 단계에 들어가기 전에 어떤 방법을 적용하든지 교육에서 문화비교적 또는 국가 간 비교를 시도하는 모든 사람들의 앞길에 놓이게 되는 많은 함정(pitfalls)이나 위험에 주의를 기울여 보기로 한다(역주: 제4장). 이 책은 (1) 현재 이 분야의 현 상태의 요약진술과 (2) 미래의 전망에 대한 고려, (3) 비교교육학에 관심 있는 사람들에게 이용 가능한 자료에 관한 논의로 결론을 맺게 된다(역주: 제8장).

제2장
비교교육학의 발전

제2장 비교교육학의 발전

당시에 Columbia 대학교 사범대학의 비교교육학 교수였던 Isaac Kandel은 1942년 연구 활동을 하는 중에 1817년 파리에서 출판된 Marc-Antoine Jullien의 *Esquisse et Vues Preliminaries d'un Ouvrage sur l'Education comparee*(비교교육학에 관한 연구를 위한 구상과 예비적 견해)라는 소책자 한 부를 우연히 발견하였다. Kandel은 *Education forum*(교육비평)1)라는 학술지에 한 편의 논문을 써서 Jullien의 이 작품에 관심을 보였는데 그러자 적어도 1세기 이상 망각되었던 Jullien Plan(Jullien 計劃)은 교육제도의 비교연구를 위한 최초의 종합적 체계라는 인정을 받게 되었다. 1943년 제네바에 있는 국제교육국(International Bureau of Education)의 Prdro Rossello는 재판책자를 발췌하여 비교교육학에 미친 Jullien의 중요성에 대하여 썼다.2) 1962년에 국제교육국이 완본을 출판하였고, 1964년에 Stewart Fraser가 아주 광범한 소개와 논평을 담은 영역본을 출판하였다. 비교교육학의 원조가 창시되고 제대로 그 명예를 인정받기에 이른 것이다.3)

---

1) Kandel, I. L., International Co-operation in Education, an early nineteenth century aspiration, *Educational Forum* vii, i, 1942. pp.23-29.
2) Rossello, P., *Marc-Antoine Jullien de Paris*, International Bureau of Education, Geneva, 1943.
3) Fraser, S. E., *Jullien's Plan for Comparative Education*, 1816-1817 Teachers College, Columbia, New York, 1964.

그러나 비교교육학의 기원에 대한 탐구가 Jullien에서 그쳐버린 게 아니고 여러 나라의 학자들이 과거의 시간 속으로 희망을 갖고 더 거슬러 올라갔다. 예를 들면 Frederick Schneider와 Franz Hilker는 유럽의 비교교육학 선조를 찾기에 열을 올렸고,4) Gottfried Hausmann은 특히 독일의 초기 문헌을 찾기에 더 집중하였다.5) 미국에서는 William Brickman이 비교교육학자의 원조를 찾는 데 앞장섰는데 "고대의 훌륭한 문화 비교학자로서"6) Herodotus(c.484-425 B. C.)까지 멀리 거슬러 올라가는 여러 편의 논문을 발표하였다.

이러한 노력의 결과로 비교교육학의 제1단계를 비교교육학의 선사시대(prehistory of comparative education), 또는 비교교육학의 선구자(precursors of comparative education), 또는 Noah와 Eckstein이 이것을 보다 묘사적으로 표현한 대로 여행담(travellers' tales)7)으로부터 비교교육학의 이야기를 시작하는 것이 일반적인 것으로 되었다.

Brickman은 그 이유(rationale)를 다음과 같이 표현하고 있다.

외국방문—상업적 목적이었든, 대화의 목적이었든, 호기심에서였든, 아니면 갈등 때문이었든—이란 고대역사로까지 거슬러 올라간다. 예나 지금이나 전 역사를 통하여 여행자들은 방문했던 나라의

---

4) Schneider, F., *Vergleichende Erziehungswissenschaft: Geschichte, Forschung, Lehre*, Heidelberg, 1961. pp.11-182.
   Hilker, F., *Vergleichende Pedagogik: Eine Einführung in ihre Geschichte, Theorie und Praxis*, Munich, 1962. pp.15-65.
5) Hausmann, G., A century of Comparative Education, 1785-1885, *Comparative Education Review*, ci, 1, 1967. pp.1-21.
6) Brickman, W. W., The Pre-history of Comparative Education to the end of the Eighteenth Century, *Comparative Education Review*, x, 1, 1966. pp.30-47.
7) Noah H. J. and Eckstein, M. A., *Toward a Science of Comparative Education*, Macmillan, Toronto, 1969. ch.2.

문화에 관한 사실(facts)과 인상(impressions)을 가지고 돌아오게
되었다. 여행자의 보고에는 청소년과 이들의 교육에 관한 논평(co-
mments, 역주: 자기의 입장을 내세우기 위해, 혹은 상대방의 이해
를 돕기 위해 행하는 짧은 논평)이 포함되었을 것임에 틀림없다.
이들은 또한 어린이 교육방법의 유사점과 차이점에 관한 소견(re-
marks, 역주: 느낀 바를 간단히 말하는 것, 간단한 소견, 단편)도
말하였을 것이다. 어떤 사람들은 정말 가치판단의 표현을 포함하는
결론(conclusions)을 내리기도 하였다.8)

Brickman은 이러한 사실, 인상, 논평, 소견, 결론이 초기의 여행자와
외국방문자의 글 속에 나타난다는 것을 계속해서 보여 주었다. 그리스
에서 Herodotus와 그리스의 장군이요, 문호인 Xenophon(c. 430-355
B. C.)을 선택하였는데 Xenophon은 그의 Cyrus왕의 전기에서 페르시
아 교육을 자세히 설명하였다. 로마에서는 Cicero(106~43 B. C.)를 선
택하였다. Cicero는 *De Republica*(국가론: *c.* 57 B. C.)라는 책에서 그
리스 교육과 로마의 교육을 비교하였는데 여기서 가정 중심의 사교육제
도에 반대되는 국가통제의 학교제도를 찬성하였다. Julius Caesar(*c.*
102-44 B. C.)와 Tacitus(c. AD. 55-116)에 대해서도 언급되었는데−전
자는 Belgians, Acquitanians, Celts에 관한 글에서 교육에 관하여 논
평하였으며 후자는 그 당시의 교육을 전 시대의 교육에 비하여 나쁘게
대조시켰는데 이것이 "과거 대 현재"를 비교하는 논쟁의 오랜 역사의
시작이었다.

중세(Middle Ages)로 들어가서 Brickman은 Polos (Marco Polo, 이
탈리아의 여행가, 저술가 1254-1324), 즉 Tartary와 중국에 관한 탐험과
보고를 위하여 Louis Ⅸ세가 보낸 원정가와 특히 Ad-al-Rahman Ib

---

8) Brickman, p.31.

Khaldun(1332-1406)의 저작에 대하여 언급하고 있다. Brickman은 스페인과 아라비아 혈통(Spanish-Arab Iineage)의 Tunisia 출생의 학자인 Khaldun이 동방회교문화(Eastern Moslem culture)와 서구(the West)의 문화를 비교했기 때문에 "비교교육학의 초기 연구자로서 자질을 갖추었다"고 말하고 있다.

Brickman은 16세기의 대표적인 것으로 교육을 연구하기 위해 외국에 갔던 여행자 학자와 그 외 다른 사람의 저술에 관해 언급하는데, 예를 들어 프랑스와 이탈리아, 덴마크, 보헤미아 등의 대학에 관해 정보를 얻기 위하여 파견되었던 독일학자 Jacob Middendorp에 대해 언급하고 있다. 17세기 동안은 외국여행 같은 국제적 접촉의 횟수가 더 많아지고 의미도 더 깊어질 뿐만 아니라 할 일이 점점 더 많아졌다. 예를 들면 여행자 안내 책자들은 여행 중 유용한 활동의 하나로써 외국 학교의 관찰을 제안하기까지 하였다. 영국학사원(the Royal Society)의 유명한 교수요 창설자인 William Petty 경(1623-1687)은 그의 책 *The Method of Inquiring into the State of any Country*(국가의 주를 탐구하는 방법)에서 외국의 지역들을 관찰하는 보다 더 학문적 접근법을 발표하였다. Petty의 방법을 다른 여행자들은 많은 학교와 학생, 학교 조직과 교육과정 등을 부지런히 탐구하였다. Petty 교수 자신은 사실과 인물의 단순한 수집 이상의 일을 하였다. 그는 Pennsylvania 식민지를 방문한 것에 근거하여 "식민주의자들은 라틴어와 그리스어의 학습과 대학교육을 저하시키는 대신 산수와 측정, 그림을 제공해 주었다."고 말하였다. 이 말은 개발도상국의 교육에 대한 최초의 충고 중의 하나임에 틀림없다.

18세기에는 러시아가 많은 유럽의 여행자와 사상가의 관심의 초점이 되었다. 1763년 Le Chatolais는 *Essay on National Education*(국가교육론)이라는 저서에서 러시아의 과학교육의 발전에 관한 보고서를 썼고, 1776년 Diderot는 Catherine Ⅱ世에게 프랑스 교육제도의 질적 우수성을 근거로 하여 러시아 교육의 질을 향상시키기 위한 계획서를 제출하였다. 프랑스 혁명 후 공교육위원회(the Committee of Public Instruction)를 대표하여 프랑스 의회(the National Assembly)에 제출한 Condorcet 보고서는 영국, 이태리, 독일의 교육과의 비교에 근거하여 프랑스 교육의 발전을 위한 권고로써 결론을 맺었다.

Brickman의 논문은 훨씬 더 자세하지만 요약하자면 1817년 Jullien의 글보다 더 오래 전에 특히 교육에 관한 몇 개의 연구를 포함하여 다른 작품들이 있었는데 이것들은 "비교분석(comparative analysis)"이라 부를 수 있는 것이라고 그는 주장하고, 또 이런 작품들은 전쟁과 군인직업의 산물이며 증대되는 국가 간의 무역과 상업 활동의 산물이며, 외교와 여행의 예상 가능한 산물이었다고 그는 주장한다.

그러나 이들 초기 작품 중에서 여행자 이야기－교육에 대한 주의 집중이 단편적이고 대개 새로운 것과 외국적인 것에 관련된 외국에서의 여행과 경험을 설명하는－와 외국교육에 대한 보다 진지한 관찰과 연구에의 접근을 구별하는 것은 가능한 일이다. 전자(여행자 이야기)는 저널리스트와 교육여행자의 작품을 통해 우리에게 전해진다. 그런데 그것들은 기껏해야 지각적이고 자극적일 뿐이다.－실제로 다른 사회에 대해 비공식적으로 "알게 되는 것"은 이해의 첫 단계라고 Edmund King은 말하고 있으며9): 나쁘게 말하면 그것들은 비교연구로서는 표면적이고 단편적이며 제한된 가치를 갖는다. 후자, 즉 보다 더 진지한 "유목적적 관찰"은 일반적으로 제2단계－교육차용의 단계(the phase of educational borrowing)라 부르는 단계로 우리를 안내한다. 사실상 1817년의 Jullien Plan (계획)은 정확히 말하여 보다 더 체계적이고 종합적인 자료수집 방법을 제시함으로써 중요한 접근변화를 나타내었기 때문에 환

---

9) King, E. J., Students, Teachers and Researchers in Comparative Education, *Comparative Education Review*, iii, 2, 1959. pp.33-35.

호를 받았다. **Jullien**이나 또 그의 **Plan**(계획)은 그 당시에는 어떤 구체적인 영향을 미치지 못하였지만 상식적으로 그리고 회고적 의미에서 그의 업적은 "수 세기 전 비구조적 비교논평으로부터 오늘날 최신의 과학적, 학제적(**interdisciplinary**) 접근의 다양한 방법에 이르기까지 교육학자(**pedagogic scholar**)에게 방향을 지시하는 십자로에 서 있다."[10]고 **Fraser**는 주장한다.

비교교육을 위한 Jullien 계획

Jullien은 무관심한(**disinterested**) 관찰자는 아니었다. 프랑스와 사실상 프랑스인의 정치생활과 경제생활은 지나칠 정도로 이기주의적이었고, 종교와 도덕성의 깊이와 안정성은 결여되어 있다고 **Jullien**은 믿었다. 그는 그에 대한 처방이 교육에 달려 있음을 믿었으나 개개 학교체제가 그 자신들을 향상시킬 수 있는 능력에는 한계가 있다는 것에 관심을 가졌다.—비록 좋은 의도가 있는 곳일지라도 **Jullien**은 여기서 필요한 것이 있다면 많은 나라로부터 얻을 수 있는 좋은 아이디어와 실제를 公有하는 방법이라고 말하였다. 이 목적을 위하여 해당국 또는 회원국의 교육제도들 사이에 정보를 수집, 분배하는 특별교육위원회(**Educational Commission**)의 설립이 그의 계획에 포함되었다. "교육이 실증과학(**positive science**)에 거의 접근하기 위해서는 사실과 관찰로부터 어떤 원리와 확정된 원칙을 연역해낼 수 있도록 관련과 비교 양자가 가능한, 분석도표로 정리된 사실과 관찰의 수집"을 그는 제안하였다. 이러한 정보교환은행제와는 별도로 유럽 내에 모범교수방법 예시센터로써 또한

---

10) Fraser, *Jullien's Plan*, p.116.

교사훈련기관의 총본산으로서의 사범교육원(Normal Institute of Education)의 설립을 Jullien은 주장하였다.11)

그의 Plan(계획)을 보면 참가국으로부터 광범한 자료를 수집하기 위하여 질문지를 사용할 수 있다는 것이다. 그런 다음 비교를 하기위하여 자료를 재정리하고, 그 결과 나타난 표와 도표를 참고하여 각 나라의 정책결정자는 다른 나라와 비교하여 자기 나라의 위치를 발견하고, 원한다면 치료적 조치를 취할 수가 있다는 것이다.12)

Jullien Plan은 전혀 실현되지 않았지만 교육차용은 19세기 교육장면의 뚜렷한 특징이 되었다. 이것은 국가교육제도의 개발과 일치되었고 교육문제에 전문적 관심을 갖고 해외를 여행하는 여행자의 특색을 이루었다. 그들은 대개 교육행정가, 개혁자, 정치가, 어떤 측면에서의 전문가들이었다. 그들은 과거처럼 더 이상 평범한 호기심과 식견을 위하여 여행하지 않고 자기 나라의 교육제도의 개선을 위한 교육차용을 목적으로 외국교육이 어떻게 진행되고 있는지 아주 구체적으로 발견하려고 여행하게 되었다. 이들은 새로운 교육이론과 방법, 조직과 재정, 교육과정과 교사훈련에 관심을 가졌으나 사실상 자기 나라의 학교를 발전시킬 수 있는 교육의 모든 측면에 관심을 두었다. 미국인은 유럽을 두루 살피고, 영국인은 유럽과 미국을 여행하고, 러시아인은 프랑스와 스위스, 독일의 학교를 연구하고, 일본인은 독일, 프랑스, 영국을 방문하고, 그러고 나서 모두가 여러 권의 보고서를 썼다. 19세기 대량의 제작과 보고서로부터 Fraser와 Brickman이 발췌한 자료를 보면 여행자의 관심의 폭과 깊이의 상세함을 알 수 있다. 이 단계에서 오스트레일리아는 참된 의미의 교육적 순회여행을 하지 못하는 상태에 있었으며 교육적 정보와 아이디어

---

11) Fraser, *Jullien's Plan*, pp.40-41.
12) Fraser, S. E. and W. W. Brickman(eds), *A History of International and Comparative Education, Nineteenth Century Documents*, Scott, Foresman, Illinois, 1968.

를 가져오는 직접, 간접적 근원으로서 주로 영국에만 의존하고 있었다.

자국의 교육제도 개선을 탐색하기 위하여, 또는 특정의 실제의 정당성을 탐색하기 위하여 외국여행의 사례가 증가하는 것과는 별도로 19세기는 교육에 관한 자료의 수집과 분배를 위한 많은 중요한 국가기구가 설립되었다는 것이 주목할 가치가 있다. 예를 들면 미교육사무소(United States Office of Education)(1867), 파리의 교육박물관(Musee Pedayogique)(1879), 런던의 조사보고사무소(Office of Inquiries and Reports)(1895)가 있다. 19세기 말엽에 이르자 외국교육연구를 북돋아주고 심지어 후원해 주기까지 하는 정부의 노력은 점증하고 있었으며 그렇기 때문에 그것을 연구하거나 해석하는 데 관련된 사람들은 비교문제에 더 관심을 두게 되었다. 분명히 다른 나라의 교육실제에 관한 대량의 정보를 축적하는 것(그래서 19세기의 보고서들은 백과사전식이었다), 또는 무분별하게 실제를 빌려오는 것만으로는 충분치 않았다. 이와 관련하여 관찰된 실제를 해석하는 문제와 특별한 제도나 실제가 국내환경 속에서 성공적으로 이식될 수 있을는지 판단하거나 예측하는 문제에 직면하게 되었다.

그러나 이러한 질문에 답하려는 시도는 비교교육학 발전의 제2단계의 특징이었다. Kazamias와 Massialas에 의하면 19세기의 비교교육학에 관한 저작은 다음 네 가지 주요 특징을 가지고 있다. 즉 이들은 주로 (1) 기술적(descriptive)이었고, 다른 나라의 교육제도를 무비판적으로 칭찬한다는 점에서 (2) 찬미적(eulogistic)인 경향이 있으며, 목적에서는 (3) 공리적(utilitarian)이었고, 또 이들이 교육개선의 방법에 관한 어떤 우선가치(priori values)에 근거를 두었다는 의미에서 개선목적(melioristic)이었다.13)

---

13) Kazamias, A. M. and Massialas, B. G., *Tradition and Change in Education-A Comparative Study*, Prentice Hall, New Jersey, 1965. p.2.

　　예를 들면 Fraser와 Brickman의 증거가 맞는지 검증한다면 이들 네 특징의 구분은 아마 알맞게 도움이 될 것으로 나타날 것이다. 확실히 이 당시의 보고서들은 대체로 기술적이고, 공리적이며, 개선적이고, 흔히 찬미적이었다. 그러나 이들이 무비판적이었다는 의미는 더 검토해 볼 필요가 있다. 이들이 특별한 아이디어나 실제를 받아들이지 않거나 자기 나라 자체의 제도에의 적용가능성을 따졌다는 의미에서 분명히 많은 관찰자들은 비판적이었다. 결국 비판을 하고난 최종 보고서에서 나타나는 것은 받아들여 질 수 있거나 유용한 것으로 생각되었기 때문에 찬미적으로 쓰이는 경향이 있었다. 무비판적이었던 곳에서는 그들이 보고 좋아한 것을 자기 나라에 성공적으로 이식할 수 있다는 자신감이 있었다고 볼 수 있다. 예를 들면 Victor Cousin 은 이렇게 믿었다.

> ……프랑스인들의 자기 나라 국민성에 대한 이해력의 신속성과 정확성, 그리고 그 나라 국민성에 대한 형언할 수 없을 정도의 통일성이 있기 때문에 프랑스인은 계속되는 두려움 없이 다른 나라의 좋은 모든 것을 프랑스인 자신의 것이 되도록 동화시킬 수 있다.[14]

　　그리고 Horace Mann은 미국과 페르시아 두 사회의 정치적 아이디어와 사회적 아이디어 간에 현격한 차이가 있지만 많은 페르시아 교육의 특징을 미국의 발전을 위하여 이용될 수 있다고 자신만만해 하였다. 사실 매력적인 아이디어나 실제가 발전되었던 문화적 배경에 대한 논의와 그리고 그러한 아이디어나 실제가 다른 나라에 어느 정도로 이식될 수 있을 것인가 하는 논의에는 한계가 있다. 그러나 우

---

14) in Holmes, B., *Problems in Education A Comparative Approach*, Routledge and Kegan Paul, London, 1965. p.11.에서 인용된.

리는 이에 대해서도 아주 일반적인 말로 말해야 하는데 그 이유는 교육차용상의 이런 문제와 다른 문제에 대하여 잘 아는 관찰자들이 있었기 때문이다. 예를 들면 **Matthew Arnold**는 외국 제도를 차용했을 때 새로운 상황에서와 꼭 마찬가지일 수 있도록 교육 형태나 실제를 改造시키는 어려움에 대하여 논평하였다.**15)**

이것은 우리에게 비교교육학의 발전에서 변화를 의미 있게 하는 데 사용된 단계들이 정확한 것도 아니고, 갑작스런 전환점으로 보이지 않으며, 소급해 올라가고 억지로 나누는 강제적이라는 사실을 남겨준다. 변화란 점진적이고 선별적인 문화차용의 단계의 목적을 향해서 나아가는데, 예를 들면 문화배경에 대한 제3의 단계는 벌써 지각적인 관찰자의 보고서에서 증거로 나타났다. 동시에 새로운 단계의 돌입이 전 단계를 완전히 무너뜨리는 것을 의미하지는 않는다. 우리가 아직도 여행담을 자국에 가져오는 사람을 보는 것과 꼭 마찬가지로 교육차용의 단계는 방문동기가 외국의 경험으로부터 유용하게 적용할 수 있는 게 없는지 발견하려는 문교장관, 교육행정가, 특수영역의 전문가들의 해외방문에서 아직도 우리들에게 남아 있다.

제3단계, 문화배경의 분석(the analysis cultural context)을 Noah와 Eckstein은 "세력(forces)과 요인(factors)" 단계로, 그리고 Bereday는 "예측"의 단계로 묘사해 왔다. 이 둘 다 교육과 사회 사이의 상호관계성이 일반적으로 더 인정되고 그것들은 현재의 모습으로 만들어 놓은 역사적 세력과 현재의 요인을 이해하려는 관심이 증가되어감에 따라 문헌상에 나타난 뚜렷한 전환에 주의를 돌린다. Bereday는 비교학자에게 있어서의 문제는 더 이상 교육차용만 문제가 아니라 제공해 주는 국가와 받는 국가 양국의 문화적 배경에 관한 지식을 통해서 교

---

15) in Holmes, p.11에 인용된.

육이식의 성공 가능성을 예측하는 것이 문제라는 의미에서 "예측 (prediction)"이란 말을 사용한다.16)

문화적 배경에 대한 이러한 관심은 19세기 후반의 약간의 저작물에서 나타났지만 금세기에 와서 보다 일반적으로 인정받게 되었으며 중요한 연구를 위한 바탕이 되었다. 초기의 백과사전식, 기술적, 때로는 무비판적 접근과 후기의 선택적 분석적 접근 사이의 교량 역할을 하는 한 사람을 찾는다면 그 사람은 바로 1895년과 1903년 사이의 영국특별조사공보국(British Office of Special Inquiries and Reports) 국장 Michael Sadler 경을 꼽아야 할 것이다. 요즈음 유명해진 1900년의 Guildford 강연에서 그는 이렇게 말하였다. 외국교육제도를 연구할 때 우리는 학교 외의 사실들이 학교 내의 사실들보다 더 중요하고, 또 학교 내의 사실들을 지배하고 해석한다는 것을 잊지 말아야 한다. 정원을 이리저리 거닐며 한 나무에서는 꽃을 꺾고 다른 나무에서는 잎을 따가지고 만일 우리가 꺾어 놓은 것을 집안의 흙에 꽂으면 자라나는 식물을 가질 수 있을 것이라고 기대하는 그런 어린애와 같이 세계의 교육제도를 즐기면서 이리저리 배회할 수는 없다. 한 나라의 교육제도는 하나의 살아있는 식물과 같고, 우리가 기억하지 못하는 잊혀진 투쟁과 고난의 산물이며 오랜 옛날의 전쟁의 산물이다. 이것은 국민성의 실패를 치료하고자 하는 동안은 재론된다. 이것은 본능적으로 국민성을 특별히 필요로 하는 그 훈련의 부분에 특별한 강조점을 둔다. 적지 않게 본능적으로 심각한 불화가 그 나라 역사의 지난 시기에 일어난 점에 강조점을 둠으로써 움츠러든다. 그러나 우리가 만일 외국교육제도의 실제 작용을 이해하려는 어떤 동정적인 마음을 갖고 노력한다면 우리 자신의 국가교육의 정신과 전통 속으로 더 잘 스며들어갈 수 있다는 것을 발견하고, 또 문서상으로

---

16) Bereday, G. Z. F., *Comparative Method in Education*, Holt, Rinehart and Winston, New York, 1964. p.8.

나타나지 않은 이상에 대하여 더 민감하게 되고, 증대되는 영향이나 사라져가는 영향을 나타내 주는 징조를 더 빨리 포착하고, 위협적인 위험을 나타낼 준비가 되어 있고 상처를 줄 변화에 대한 미묘한 작용을 나타낼 준비가 되어 있다는 것은 있을 법하지 않은가? 올바른 정신과 학문적 정확성을 가지고 외국 교육제도의 작용을 연구하는 실제적 가치는 우리 자신을 연구하고 이해화하는 데 더 잘 맞는 우리의 존재를 가져온다는 것이다.17)

이렇게 좀 긴 인용을 하는 데는 몇 가지 이유가 있다. 이것은 학교의 문화적 배경의 중요성과 교육차용의 위험성을 Sadler가 인식했다는 것을 확실히 보여 주고 있다. 그러나 그 뿐만 아니라 비교의 가치가 선택적 차용 가능성에 있다기보다는 오히려 자국제도의 보다 더 효과적인 분석을 가능하게 해 주는 통찰에 있다는 Sadler의 신념을 통해서 비교교육학의 목적을 다루는 다음 제2장으로 향하게 해 준다. 그리고 더 나아가서 분석의 도구로서 "국민성(national character)"이라는 개념 사용에 관한 다음 논의의 문제로 나아가도록 가리켜 준다.

비교교육학에 대한 Sadler의 중요성을 판단하기는 어려우나 그의 자서전 작가 Higginson은 그의 평가에서 극구 칭찬하고 있으며 Kazamias와 Massialas는 "Sadler의 원리가 20세기 비교교육학의 이론지향의 초석이 되었다"18)고 말하였다. 확실히 사회의 유기적, 역동적 구성요소로서의 교육제도라는 개념은 오늘날의 연구에 기본이 되고 무조건적 차용이나 단편적 차용에 대한 영원한 경고가 되고 있다.

20세기 전반부에 대부분의 비교교육학 연구자들은 Sadler가 제시한 길을 따랐다. Isaac Kandel은 여러 사회의 교육제도와 정치제도 사이의

---

17) in Higginson, J. H., The Centenary of an English Pioneer in Comparative Education, Sir Michael Sadler (1861-1943), *International Review of Education*, 7, 1961-62, pp.291-282.에 인용된.

18) Kazamias and Massialas, p.3.

관계성, 특히 국가주의(nationalism)의 영향과 국제주의(international-
ism)의 관점에 열중하게 되고19); Friedrich Schneider와 Nicholas
Hans는 각 나라가 각각 다른 국가교육제도를 형성하도록 만든 사회
적 세력(forces)과 다른 요인들을 찾아내고 연구하려고 애썼으며20);
Vernon Mallinson은 각 나라의 교육제도 간의 差를 설명하는 수단으로
국민성(national character)이라는 개념을 사용하였고21); Robert Ulich
는 "만일 우리가 학교와 학교제도를 이해하고자 한다면 우리는 이것을
이를 둘러싸고 있는 정치적, 문화적, 경제적 요인들과 관련지어 보아야
한다."22)는 가정 아래 연구하였다. 이러한 비교교육학분야의 고찰자들
의 안내 아래 "비교교육학은 순전히 기술적 자료를 수집하는 과정으로
부터 교육의 실제를 만든 요인들을 논리적으로 처치하는 방법으로 발전
해 나갔다."23)고 Bereday는 말한다.

Kandel과 Hans의 비교교육학 연구방법에 대해서는 뒤에 논의되겠
지만(第5章에서) 지금까지 언급된 비교학자들은 모두 현재의 교육제
도를 낳게 한 세력과 요인에 의해서 현재의 교육제도를 설명하려는
데 모든 관심을 집중하였기 때문에 이들의 접근을 흔히 역사학적 접
근이라 불러왔다. 우리가 앞으로 알게 되는 것처럼 이러한 분류가 전
혀 문제가 없는 것은 아니다. 그러나 현재의 실천을 만들어 놓은 선
행요인(antecedents)들에 대한 공통적 관심은 그렇다 치고 비교학자들

---

19) Kandel, I. L., *Comparative Education*, Houghton Mifflin, Boston, 1933.
   Kandel, I. L., *The New Era in Education*, Harrap, London, 1954.
20) Hans, N., *Comparative Education*, Routledge and Kegan Paul, London(r-
   eprinted), 1964.
21) Mallinson, V., *An Introduction to Comparative Education*, Heinmann,
   London, 1957.
22) Ulich, R., *The Education of Nations-A Comparison in Historical Persp-
   ective*, Harvard, Harvard, Cambridge, Mass., 1962. p.8.
23) Bereday, p.8.

은 또한 교육을 특히 국경을 넘어 국제적 조화와 우의의 발전을 가져
온다는 의미에서 인간에 대한 희망으로 보는 자유주의 정신과 인간주
의 정신을 서로 공감하고 있다.

비교교육학의 코스들이 서서히 시작된 후 1930년대와 1940년대 전
세계의 많은 대학에서 교사훈련 프로그램의 한 부분이 되었는데 설강
된 곳에서는 특히 **Kandel**의 내용과 연구방법을 따르는 경향이 있었
다. 그리고 사실 최근에 중요한 변화가 일어나고 있는 동안 많은 코
스(그리고 교사)가 오늘날 넓게 보면 비슷한 길을 따르고 있다고 가
정하는 것은 아직도 이치에 맞는 이야기다.

그러나 세계 제2차대전 이래 비교교육학에 대한 관심과 활동이 극적
으로 또 중요한 두 측면에서 발전해 왔다. 그 첫째는 교육연구(inquiry),
계획, 프로그램 실천에 참여한 새롭고 영향력 있는 국가기관과 국제기
관의 업적인데 이에 대하여는 제1장에서 이미 말한 바 있고 또 제3장
비교교육학의 목적에서 다시 논의될 것이다.**24)** 이와 관련하여 탐구적
또는 개혁적인 국제적 연구에 보다 더 적극적으로 참여한다는 측면에서
이 분야의 미래를 가장 생산적인 것으로 보는 비교학자들이 있다. 둘째
측면은 대학에서 비교교육학의 연구와 교수(teaching)활동이 증가하고
있다는 점이다. 이제 좀 시대에 뒤떨어진 한물 간 것이지만 연구와 교수
센터에 관한 **Bereday**의 목록을 보면 이러한 증대된 활동을 매우 분명하
게 알 수 있고, 또 이 목록을 통해서 Noah와 Eckstein과 같은 사람이
비교교육학 발전의 제4단계, 즉 사회과학으로서의 비교교육학(compar-
ative: education as a social science)이라고 정의하는 것으로 강조점의
전환을 가져오게 되었다. 다른 단계들과 마찬가지로 이 단계도 전단계
의 연장, 특히 지난 20여 년의 사회과학이 성장해 온 결과라 할 수 있

---

24) 다음 第3章을 보라.

다. 특징적으로 보면 선행요인(antecedents)의 분석에 대한 관심이 줄어들고 현재의 관계성 분석에 대한 관심이 많아졌으며 분석방법도 역사적인 것은 줄어들고 사회학, 경제학, 특히 정치학의 기법과 개념체계(conceptual frameworks)로부터 끌어낸 계량적, 경험적(quantitive and empirical) 방법이 늘어났다.

Jullien과 Sadler가 전 단계들 사이의 교량적 역할을 한 것으로 밝혀진 것과 꼭 마찬가지로 Bereday도 "세력과 요인(forces and factors)" 단계와 "사회과학적 설명(social science explanation)"의 단계 사이를 연결한 사람으로 인정된다. 예를 들면 Noah와 Eckstein은 이렇게 주장하고 있다.

> Sadler는 백과사전식이면서 약간 무질서한 초기(2단계)의 자료수집 단계와 단순한 기술(description)보다는 설명(explanation)에 역점을 두고 그러한 설명을 역사적 배경과 문화적 요인의 영향에서 찾으려던 Hans와 Kandel과 같은 나중(3단계) 학자를 연결시켜 주는 교량적 역할을 하였다. Bereday는 역사적─철학적 단계(이 책의 제3단계)를 새로운 두 강조방향, 즉 (1) 사회과학의 개념과 자료에 대한 기본적 관심과 (2) 방법적 문제에 관한 의식(awareness)과 명백성(explicitness)(이 책의 제4단계)과 연결시켜 주었다.25)

Bereday의 방법론에 대해서는 다음 제5장 B에서 논의되겠는데 그의 책, *Comparative Method in Education*(교육연구의 비교적 방법)은 확실히 비교교육학에 관한 토론을 개방하는 데 중요한 공헌을 하였고, 기술적 접근과 대체적인 분석 또는 해석적 접근으로부터 가설형성과 검증에 근거한 접근으로 발전시키려는 시도였다.

1960년대는 비교교육학의 방법론에 관해 많은 관심과 토론을 기울인

---

25) Noah and Eckstein, p.65.

연대였고, Kandel과 Hans의 연구에서 제시된 보다 더 전통적인 절차와 가정에 대한 많은 대안을 제시한 것이 특징이다. Bereday의 *Comparative Method in Education*은 1964년에, Holmes의 *Problems in Education: A Comparative Approach*(교육의 문제: 비교적 접근)은 1965년에, King의 *Comparative Studies and Educational Decision*(비교연구와 교육의 의사결정)은 1968년[26]에, Noah와 Eckstein의 *Toward a Science of Comparative Education*(비교교육과학을 지향하여)은 1969년에 발표되었다. 주요 학술지, *Comparative Education Review*(비교교육평론)와 *International Review of Education*(교육의 국제적 평론)과 그 뒤의 *Comparative Education*(비교교육)은 각 권마다 방법론에 관한 한 두 논문이 없는 경우가 드물었다. 비교교육학의 발전에서 사회과학을 앞선 방법이라고 보는 사람들과 비교교육학의 다른 기반을 경시하거나 거부하는 것을 받아들이려 하지 않던 사람들 간에 논쟁이 벌어졌다. 연구하고자 하는 이슈와 문제, 해답을 얻고자 하는 질문에 따라 여러 방법적 체계와 절차가 유용하게 쓰일 수 있다고 주장하면서 중도적 입장을 취한 사람들에 의해 논쟁은 종식되었다. 앞으로 살펴보겠지만 때때로 갈등이 가열되고, 이쪽이나 저쪽 어느 쪽인가에 들어가도록 상당한 압력이 작용하였고, 반대 입장을 강력하게 또 때로는 상당히 독단적으로 진술하기도 하였다.

1970년대에 들어서자 방법론에 기울어졌던 유사하면서도 혹자가 말하기를, 서로 독단적인 관심은 아주 약간 느슨해지기 시작하는 징조가 보였다. 만일 이 징조가 연구자들 간의 견해차를 받아들일 줄 알게 되고 다른 사람들도 어떤 공헌을 하고 계속 나아지려고 하는 가능성을 인정하는 이 분야의 연구자들의 커다란 성숙을 의미하는 것이

---

26) King, E. J., *Comparative Studies and Educational Decision*, Methuen, London, 1968.

라든가 중요한 문제의 해결을 의미하는 것이라면 이것은 환영할 만한 일이다. 그러나 만일 이것이 이 분야의 여러 연구자들 사이에 이슈를 회피하려는 것이라면 장기적 안목에서 볼 때 불행한 일일지 모른다. 현재 분위기는 비교연구가 잘 진척되고 있는 것같이 보이고 문제가 생길 때마다 방법적 문제를 해결해 주는 것같이 보인다.

이것은 얼마간 이 분야에서 연구했던 학자와 비교교육학과 그 방법에 관하여 서로 경쟁하는 관점을 이해하거나 경쟁하는 관점이라 부르게 된 학자에게는 만족할 만한 일이다. 그러나 처음으로 비교교육연구에 접근하고 있는 학생들에게, 또 이 분야가 정말로 실제적 의미에서, 아주 실질적 의미에서 제공해 주는 것이 무엇인지 하고 의심하는 교육정책결정자에게는 별로 만족스러운 것이 못된다. 비교교육학 발전의 배경을 통해서 현 상태를 알게 됨으로써(본장, 제2장) 또 다음에 이어지는 비교교육학의 목적에 관한 논의(제3장), 비교연구상의 공통적 함정에 관한 논의(제4장), 지지를 받는 여러 연구방법에 관한 논의(제5~7장)를 통해서 위의 두 부류에게 다 도움이 되었으면 한다.

제3장
비교적교육학의 목적

제3장 비교교육학의 목적

저자가 이미 말한 것처럼 만일 비교교육학이 낡은 고정관념으로부터 벗어나는 과정에 있고 아직 새로운 정체성을 찾고 있는 중이라면 비교교육학의 분명한 목적과 목표를 설정하는 문제가 하나의 핵심문제가 되었다는 것은 수긍이 갈 만하다. 공식적인 연구 코스(과정)의 목적이나 목표를 명백히 하는 측면에서 뿐만 아니라 하나의 독립되고 고유하며 유용한 연구 분야로 비교교육학을 정당화시키는 측면에서 이 문제를 검토할 필요가 있다는 것도 이해할 만하다. 그러므로 우리가 이러한 사실을 이해한다면 목적과 그 목적을 달성하는 가장 적절한 방법에 관한 의견이나 강조의 차는 비교교육학의 분야가 성장하고 있는 이때에 있을 수 있는 것이라는 점에 주의할 필요가 있다.

여하튼 우리는 개념의 혼란과 서로 다른 견해들이 공존하는 것이 불가능함을 알기 때문에 목적이나 방법에 관한 명료화를 꾀하는 동안 될 수 있는 한 열심히, 그 자체의 학문적 정체성과 기여도가 발전되고 있는 비교교육학의 좀 느리지만 확실히 가망성이 있는 과정(흐름)의 속도를 단절시키거나 지연시킬 수 있는 불합리한 정설(imposed orthodoxy)을 추종하는 경향을 피할 필요가 있다. 이 단계에서 하나의 목적군을 옹호하고, 다른 목적들을 배척하며, 또는 여러 방법 중에서 어떤 한 비교연구방법만을 "옳거나" "바른" 것으로 확실히 규정하는 것은 시기상조이다. 그 뿐만 아니라 정확한 목적을 분명하게 진술하는 일과 명확한 연구방법을 추구하고자 하다 보면 실망의 벽에 부딪히게 될 것이다. 비교교육학은 연구 집단에 따라 서로 목적이 다를 수도 있으며 또 집단에 따라 그 목적을 달성하기 위하여 오히려 다른 방법과 절차가 요구될 가능성이 있다.

1958년 국제교육국(IBE) 국장이었던 **Pedro Rosselo**는 교육계획회의(**Educational Planning Conference**) 연설에서 다음과 같이 말하였다.

> 비교교육학에 관한 재미있는 현상이 있다. 우리는 모두 이런 현상이 존재하는 것을 안다. 그러나 그런데도 불구하고 UNESCO의 후원으로 두 번의 모임을 가졌던 전문교사들은 비교교육학의 정의에 의견의 일치를 보지 못했다. 그러나 일치된 정의에 실패했다고는 하지만 어떤 사람들은 모든 사람이 받아들이는 정의라도 실제적 적용도가 낮은 경우보다, 자체의 본질이나 한계는 명백히 규정되지 않았더라도 비교교육학이 목적을 추구해 나가는 것은 더 중요한 일이라는 생각에 쉽게 동조했다.[1]

여러 해 동안의 광범한 논의가 있었음에도 동의에 어느 정도 접근하고 있는지 의심스럽다. 그러나 이것도 또한 문제가 되지 않을 것이다. 아마 이처럼 광범한 연구 분야이면서 관심 영역에 아주 잘 들어맞는 목적은 여러 가지일 것이며 그런고로 만장일치를 위한 노력이 궁극적으로는 비생산적인 것이 될 것이다. 다양한 목적을 위해서는 먼저 "외국교육제도에 대한 분석적 연구"를 진행하고 그리고 나서 그것들이 이야기하는 방법론의 문제와 정의의 문제를 논하는 것이 더 중요할 것이다.

이런 상황에서 만일 우리가 차라리 서로 다른 방법으로 비교교육학의 목적의 문제를 검토한다면 아마 가장 도움이 될 것이다. 첫째는

---

1) Rossello, P., Comparative Education as an Instrument of Planning *Comparative Education Review*, iv, 1960. p.3.

이 분야의 역사에 눈을 돌려 과거와 최근의 유명한 비교교육학의 공헌자들이 주장해 온 비교교육의 목적에는 어떤 것들이 있으며 이들의 관점을 특별한 형태나 합의점(consensus)에 따라 묶을 수 있는지 없는지를 찾아내는 것이다. 그렇게 된다면 우리는 이러한 전해져 내려오는 전통적인 관점들이 오늘날에도 지지를 받고 있는지 물어볼 수 있다. 둘째는 "누구를 위한 목적인가?"라는 질문을 하는 것이다. 연구의 여러 수준이나 단계에 있는 학생들, 현직교사, 연구자, 교육행정가 또는 교육정책결정자와 같은 다양한 다른 집단에 따라 목적을 다르게 정의할 필요가 있는지 여부를 이 두 번째 접근은 밝혀줄 것이다. 세 번째는 연구방법에 관한 구체적 제안 속에 비교교육학의 목적에 관한 구체적 가정이 있을 것이라는 기대 속에 최근의 작품, 특히 방법론에 관한 최근의 발표들을 고찰해 보는 것이다.

이미 앞 章의 비교교육학의 발전에 관한 논의에서 교육제도의 국가 간 비교연구의 과거로부터 이어져 내려오는 목적과 현대적 목적 몇 가지가 지적되었고, 방법론을 다루는 다음 장들(제5~7장)에서 더 지적될 것이다. 그러나 목적의 문제는 이 책 전체를 통하여 나타날 것이지만 초심자가 일반적이고 확고한 전반적인 이해를 하는 것은 확실히 중심과제이고 중요한 문제이다. 결국 많은 사람들에게 하나의 연구분야로서의 정당화와 이 분야에 대한 계속적인 관심은 흔히 이 분야의 목적이나 목표를 가치 있는 것으로 수용하느냐에 달려 있고, 또 말할 것도 없이 그 목적을 달성할 수 있는 능력, 아니면 적어도 그 목적 달성에 의미 있는 공헌을 할 수 있는 능력을 가지고 있느냐에 달려 있다.

비교교육학의 경우에도 그 학문의 정당화를 위하여 두 개의 서로 다른 입장으로부터 출발할 수 있다. 그 첫째 입장을 Bereday는 이렇게 말하고 있다.

다른 학문 분야의 비교연구의 정당화와 마찬가지로 비교교육학을 위한 제일 중요한 정당화는 지적(intellectual)인 것이다. 사람들은 단지 알고자 하는 욕망 때문에 외국교육제도를 연구한다. 지식을 위한 지식은 비교교육학이 다른 학문 분야와 어깨를 겨루며 그 위치를 굳건히 다지는 데 필요한 유일한 바탕이 된다.2)

Bereday는 계속해서 비교교육학이 추구할 수 있고 또 추구해야 하는 많은 실질적 목적에 대하여 논의하지만 결국 비교교육학을 연구하는 정당성은 전 세계에 교육제도가 존재한다는 사실과 인간은 호기심과 지식에 대한 욕구를 갖고 있다는 데 있다고 말한다. 그런데 왜 교육을 비교적 방법으로 연구하지 않겠는가?

두 번째 출발점이면서 오늘날 더 자주 사용되는 것은 실용적 입장이다. 분명히 지금까지 이루어진 여러 종류의 국가 간 문화 간 교육비교는 모든 종류의 목적을 위해서 현재에도 이루어지고 있으며, 또 앞으로도 있을 것이다. 예를 들면 각 나라가 교육에 투자하는 국민총생산(Gross National Product)의 비율과 수학성적수준과의 비교가 이루어지고 있으며, 또 이런 비교는 변화나 변화에 대한 저항을 정당화시키려는 주장을 뒷받침하는 데 사용된다. 다른 나라의 경험으로부터 걱정되는 지역적인 문제를 해결하려는 해결 방안을 탐색하고, 그런 탐색의 결과에 의하여 제도를 새로 만들고 교육과정을 개편한다. 이것이 논증적으로 틀림없을 때 주장은 계속된다. 비교를 하되 가능한 한 정확하고 타당한 근거 위에서 해야 할 필요가 있으며, 이것만이 교육의 국제적 또는 문화비교적 연구에 기여하고 비교의 문제와 방법에 공헌하는 독립분야로 정당화되는 길이다. 그러므로 여기서 우리가 해야 할 과제는 교육제도 간의 타당한

---

2) Bereday, G. Z. F., *Comparative Method in Education*, Holt, Rinehart and Winston, New York, 1964. p.5.

비교를 촉진하는 지식과 기술을 개발하는 길이며, 또 부적절하거나 타당치 못한 비교방법의 사용을 경계하는 일이다. Nicholas Hans가 1952년에 쓴 것처럼 "비교방법론을 개발하는 것과 일면 비교방법을 촉진하는 것, 또 일면으로는 일반화와 전이의 비학문적(undisciplined) 사용을 방지하는 것은 비교교육학자의 특별한 역할이다."3) 이러한 견해는 10년 후 시카고 비교교육센터(Comparative Education Center in Chicago의 Arnold Anderson의 "보다 목청 높은 동료들의 사변(speculation)을 학문화 시키는 것(discipline)이 진지한 학과의 목표"4)라는 논평에서 고양되었다.

이 학문적 접근의 필요성은 지난 10여 년간 확실히 줄어들지 않았고, 비교교육학의 정당화이면서 하나의 과제이다. 그리고 이것이 이 책의 다음 장(제4장)에서 국가 간 비교연구와 이에 대한 대안적 연구체계상의 몇 가지 상징(pitfalls)에 대하여 논의하는 이유가 된다.

실용적 정당화(역주: 위의 두 번째 출발점)란 우리끼리 협력하기 위해 비교는 있어야 하며 학문(discipline)과 공헌(contribute)의 양자를 위하여 독립된 연구 분야가 필요하다는 주장에서 비롯되지만 여기에서 그치지는 않는다. 다른 사회와 그 사회 나름대로의 교육제도에 대한 지식과 이해의 정당한 목표는 그렇다 치고 비교교육학은 가치 있다고 생각되는 적어도 다음 네 가지 목표에 기여한다는 근거 위에서 정당화되었는데, 이 네 가지 목표는 (1) 자기 나라 교육에 대한 보다 나은 이해, (2) 자기 나라와 외국의 교육 발전, 개선, 개혁 (3) 일반적으로 교육에 대한, 그리고 교육과 사회의 관계에 대한 지식, 이론, 원리의 개발, (4) 국제 이해와 협조, 국제적인 교육문제와 다른 문제의

---

3) Hans, N., English Pioneers of Comparative Education, *British Journal of Educational Studies*, ⅰ, 1952. pp.56-59.
4) Anderson, C. A., The Methodology of Comparative Education, *International Review of Education*, ⅶ, 1961-62. p.1.

해결이다.

물론 다른 연구 분야도 이러한 아주 일반적인 네 가지 목표를 위해서 공헌하지만 비교교육학의 보다 더 특수한 공헌에 대해서는 특별히 언급되어야 할 것이다. 뿐만 아니라 이 목표들이 아주 보편적이기 때문에 여러 해 동안 시간이 흐름에 따라 달라진 그것들의 의미와 중요성에 있어서의 변화와 사람에 따라 다른 해석이 있었다는 점을 주목할 필요가 있다.

첫째의 좀 역설적인 주장은 <u>다른 국가의 교육에 대한 연구는 자국의 교육에 대한 이해를 증진시킨다</u>는 것이다. 독자 여러분은 아마 **Michael Sadler** 경이 1900년 **Guilford** 강연5)에서 이것을 강력히 주장한 것을 기억할 텐데 그 이후 이 주장은 계속 반향을 받아 왔다. 1933년 **Isaac Kandel**은 "외국교육제도의 연구는 자국의 철학에 대한 비판적 분석과 도전이라는 것을 의미하는데 그러므로 자기 나라 교육제도의 저변에 깔려있는 배경과 기반에 대한 보다 철저한 분석을 의미한다."6)고 썼다. 1957년 **Vernon Mallinson**은 이렇게 주장하였다.

> ……자기 나라보다 다른 나라에서 무엇이 진행되고 있으며 왜 그것이 이루어졌는지에 대하여 알게 되는 것은 당시의 교육문제에 관하여 심각하게 관심을 갖는 모든 학생들을 훈련시키는 한 필요한 부분이다. 단지 이런 방법을 통해서만 자기 나라의 제도를 연구하고 이해하는 데 알맞을 것이며 미래를 위하여 지적으로 계획을 세우는데도 알맞게 될 것이다.7)

---

5) 제2장의 주 17에 해당하는 부분을 보라.
6) Kandel, I. L., *Comparative Education*, Houghton Mifflin, Boston, 1933. p.xx.
7) Mallinson, V., *Introduction to Comparative Education*, Heinemann, London, 1957. p.10.

1965년 Ian Thut와 Don Adams는 "적절하게 추구된 교육의 비교 연구는 학생들로 하여금 자기 자신의 책임 영역 내에서 더 지적으로 기능할 수 있도록 한다."8)고 주장하였다.

확실한 문제는 비교교육학이 어떻게 이러한 특별한 영향을 줄 수 있느냐이다. 무엇보다 먼저 Kandel이 제시한 것처럼 만일 국가 간 비교의 교육연구가 지지될 수 있는 교육에 관한 일반화나 원리를 도출할 수 있다면 자국의 교육제도에서 그 원리의 적용이나 일반화의 검증은 자국의 교육제도에 대한 보다 나은 이해를 가져오는 첩경이 된다고 말할 수 있다. 바꾸어 말하면 비교교육학적 연구는 자국 교육의 작용을 이해하는 데 아주 유용한 분석양식과 축적된 지식을 만들어 준다. 그리고 앞으로 살펴보게 되는 것처럼 유용한 분석양식의 개발과 어떤 형태, 경향, 일반화, 심지어는 "법칙"의 탐색은 많은 비교학자가 해야 할 아주 중요한 부분이다.

그러나 만일 원리나 이론의 출현이 너무 느리다면 다른 나라의 교육제도의 연구가 우리 자신의 제도를 이해하도록 우리를 도와줄 수 있는 또 다른 방법이 있다. 그 나라의 특수한 배경을 갖고 있는 다른 나라의 제도를 연구하는 데 있어서 우리는 단지 한 교육제도만의 부분적 경험에 의하여 생긴 한계를 초월하여 우리의 시각을 넓히거나 판단의 준거를 발전시켜 시작하는 것이 당연하다. 여기서 저자의 학생들로부터 얻은 하나의 예를 제시하고자 한다. 이 학생들은 오스트레일리아에서 중등교사가 되기 위하여 1년의 대학원 코스를 밟고 있는 학생들이다. 이들은 15년 이상을 오스트레일리아 교육제도 속에서 생활해 왔기 때문에 대부분이 오스트레일리아 교육제도에 대해서는 특별히 잘 알고 있다고 느끼고 있으며, 주저하지 않고 자기 나라 교

---

8) Thut, I. N. and Adams, D., *Educational Patterns in Contemporary Societie*, McGraw-Hill, New York, 1964. p.5.

육제도에 대하여 논평이나 판단을 제시한다. 이들은 확실히 사적이고 종종 깊이 느끼고 강렬하게 표현된 지식을 갖고 있지만 그것은 대부분 아주 제한된 기반에 근거한 지식이다. 대부분의 학생들은 자기들이 겪었던 교육 경로의 한 길만을 따라서 걸어온(교육을 받아 온) 것이다. 오스트레일리아에서 대다수 학생이 공립 고등학교를 거쳐 왔고, 어떤 학생은 가톨릭 이외의 사립학교를 다녔으며, 어떤 학생들은 다양한 가톨릭 학교 출신이다. 그리고 극히 소수가 Victoria 주 이외의 학교를 다녔다. 대부분의 학생들은 대부분을 Melbourne 교외에서 살았고, 약간의 학생들이 도나 군역지에서 들어왔으며, 소수가 도시 지역에서 왔다. 그리고 어쩔 수 없이 약간 여행을 한다고는 하지만 대부분이 졸업과 동시에서의 즉각적으로 교사로서 지방교육 체제로 돌아갈 것이며 그 안에서 그들의 생을 마칠 것이다.

이런 상황에서 학생들에게 자기들의 주나 국가의 교육을 보다 더 일반적으로 소개하고 나서 다른 나라 교육을 소개해 주는 비교교육학의 어떤 형태의 연구는 편협성(parochialism)을 무너뜨리는 수단이 되고, 지방의 장면을 보다 넓고, 더 균형 잡힌 관점을 갖고 바라보게 하는 지식과 이해의 이점을 형성해 주는 수단이 된다. George Bereday가 쓴 것처럼 "이것은 비교교육학이 할 수 있는 가장 훌륭한 교훈인 타인에 대한 각성에서 생겨난 자기인식(self-knowledge)이다."9) 비교교육학을 위한 두 번째 주요 주장은 교육의 발전, 개선 또는 개혁을 위한 비교교육학의 기여와 관련된다. 물론 이것은 자국의 제도에 대한 보다 나은 이해를 돕는 이 분야의 공헌과도 관련되어 있지만 여기서 주로 언급되는 것은 자기 나라 교육제도의 개선을 위하여 다른 나라로부터 차용하는 기존의 실제이다. 교육 당국의 관심이 교사교육의 새로운 발전에 있든지, 새로

---

9) Bereday, p.6.

운 형태의 학교조직과 학급조직에 있든지, 새로운 사회과학 교육과정에 있든지, 아니면 학교에 대한 새로운 형태의 지역사회 참여의 개발에 있든지 모든 세계가 다 가능한 공헌자이다. 그리고 만일 이 말이 좀 거창하게 들린다면 각 나라는 확실히 자기 나라에 적용가능성을 타진하기 위하여 방문을 통해서, 또 독서와 연구에 의하여 다른 나라에서의 실천을 검토해 보는 주요 참조국을 가지고 있다. 또한 이와 반대로 Arnold Anderson이 말한 것처럼 "우리나라에서 발생하지 않았던 문제가 다른 나라에서는 발생하고 있다고 믿는 것은 아주 당연한 일이다."[10]

여러분이 비교교육학에 관한 주요 저서를 좀 읽어 보면 비교교육학이 개혁적 의도를 가지고 있다는 데 일반적으로 동의한다는 것이 밝혀질 것이다. 이것은 물론 자기 나라의 제도에서부터 출발하지만 확실히 거기서 그치지 않는다. 비교교육학에서 시종일관 주장되는 것은 교육계획 그리고 더 일반적으로는 정책결정에의 기여이다. 이러한 기여가 무엇이 될 것이냐와 어떻게 기여할 것이냐는 논란의 대상이 되지만 여기서 제공해야 하는 것은 교육발전을 위한 자기 나라 프로그램의 일부로서 많은 나라에 의해 적용되는 비교연구의 체계(frameworks)이며 물론 교육의 국가 간 비교연구에 전문화된 분야의 봉사이다.

우리가 살펴본 것처럼 "선택적 교육차용(selective educational borrowing)" 또는 개혁동기(reform motive)는 Jullien의 제안으로부터 19세기의 차용전성기를 거쳐 현재에 이르기까지 비교교육학의 전 역사를 통하여 하나의 일관된 제목이었다. 예를 들면 Nicholas Hans는 "⋯⋯우리 분야는 실용적 목적을 가진 역동적 성격을 가지고 있으며 확고한 개혁 의도를 가지고 아주 철저하게 미래를 연구한다."[11]는 것을 아주 명쾌하게 주장하였다. George Bereday는 이렇게 쓰고 있다.

---

10) Anderson, p.1.
11) Hans, pp.56-59.

비교교육학이 국경을 초월하여 교육방법을 분류하여 카테고리로
묶고 이 카테고리에 비추어 보면 각 나라는 인간 교육경험에 대한
총축적의 한 가지(枝)로 나타난다. 만일 잘만 된다면 세계적 관점
에서 유사하면서도 대조적인 차이 때문에 각 나라들은 서로 교훈
을 주고받는 상호 수혜자가 될 것이다.12)

Brian Holmes는 "직접적 힘을 주는 교육과학"은 비교연구로부터
개발할 수 있다는 가정하에 연구하고 또 비교교육학방법론에 관한 전
후의 논쟁은 "교육의 개혁과 계획적 발전에 더 엄격하고 정확한 방법
으로 비교적 방법을 사용할 수 있다는 가능성에 관심을 기울였다고
지적한다."13) **Edmund King**은 이렇게 쓰고 있다.

교육에 대한 모든 비교연구는 의미상으로 개혁적이다(그렇지 않
으면 왜 비교할 것을 걱정하는가?). 비교연구에 접근하는 단순한 초
보자가 비교연구의 궁극적 의미는 개혁적 의도라는 것을 아는 게
중요하다. 이것은 특별히 어떤 사람을 다른 사람으로 개조한다는 의
미에서의 개혁적이 아니라 보다 구체적으로 우리 자신의 사상을 논
하는 의미에서의 개혁적이며 우리가 사회적으로 또는 전문적으로
당연하다고 받아들이는 것을 논하는 의미에서의 개혁적이다.14)

최근에 아마 그 누구보다도 **King**은 비교교육학에 관심을 두고 있는
사람들에게 자기가 "공공정책결정이나 교육전략의 실제적인 면"이라고
부른 것에 좀 더 직접적인 주의를 기울이면서 이 분야의 개혁의도를 발

---

12) Bereday, p.5.
13) Holmes, B., *Problems in Education, A Comparative Approach*, Routledge
and Kegan Paul, London, 1965. p.3.
14) King, E. J., *Other schools and Ours*, Holt, Rinehart and Winston,
New York, 1973. 4th edn, p.42.

전시키라고 촉구하였다. King은 비교교육학이 주로 교수(teaching)와 일반적으로 지식의 확장(그리고 심지어는 개혁까지도)과 관련된 연구와 이론탐색으로써 내부지향이었다고 주장한다. 그는 교육에 관심 있는 모든 사람들에게 지식과 통찰력을 전해 주면서, 동시에 교육 당국과 현행 교육의 이슈와 문제를 연구하는 국내기관과 국제기관에 적극적으로 참여하고 협력하는 보다 외부 지향적 접근을 주장한다. 이러한 모든 이슈와 문제는 비교접근으로부터 아주 많은 이익을 얻을 수 있다고 그는 믿으며, 또 다른 분야의 사람들과의 협동하는 가운데 비교교육자의 역할은 전략을 세우고 선택하는 데 "지식(intelligence)"을 제공함으로써 돕는 것이다. 이것을 강조한다고 해서 비교교육학자의 학문적 기능과 교수기능이 감소되는 것은 아니다─사실 "개혁의 실용성, 또는 교육 우선순위의 위기를 무시하는 것은 우리의 학문적 탐구와 연구의 현실적 배경을 무시하는 것이고, 그 학문적 탐구와 연구의 보다 중요한 의미를 없애버리는 것"이라고 King은 주장한다.[15]

그러나 교육개선과 개혁에 비교교육학이 개입해야 한다는 점에 일반적으로 동의한다 할지라도 논란의 대상이 되는 것은 정책결정자에게 가장 타당한 정책결정과 행동근거를 제공해 주는 비교연구의 방법에 관한 문제이다. 앞으로 우리가 살펴보게 되겠지만 교육에서 해결되어야 할 문제로 Hans가 생각한 것은 비교연구로부터 나온 원리의 근거에 관한 것이다. Bereday에게 있어서 이러한 문제는 여러 나라가 서로 이익을 볼 수 있도록 그가 방법론을 유목화하는 데서 터득한 교훈에 관한 것이고, Holmes에게 있어서는 교육의 개혁과 계획적 발전을 위한 보다 더 엄격한 비교방법의 사용통로는 그가 문제해결방법에서 제시한 가설연역적 사고(hypothetico-deductive thinking)의 적용에 있으며, Noah와

---

15) King, *Other schools and Ours*, p.115.

Eckstein의 주장으로는 미래가 전적으로 사회과학방법의 적용에 달려 있다. 이들의 접근(Bereday, Holmes, Noah와 Eckstein의 접근방법)들이 어떻게 비교교육학의 개혁 목적과 다른 목적에 기여하는지에 대하여는 제5장과 6장에서 다루어질 것이다.

비교교육학에 대한 세 번째 희망은 비교교육학이 이 분야의 다른 목적을 달성하고 보다 일반적으로는 지식을 제공하는 데 유용한 일반화나 원리의 설명(enunciation of generalizations or principles)에 공헌한다는 것이다. 물론 여러 비교학자들이 이런 희망을 서로 다른 말로 표현하였고, 또 이 목적을 실현하는 방법을 서로 다르게 제시하지만 학문적 노력을 기울이는 다른 분야에서와 마찬가지로 특별한 경우나 현상을 넘어서 일반적 형태나 경향성을 찾는 데 어떤 공동 관심이 있다.

비교교육학의 주요 학자들은 단지 교육제도나 실제들 사이의 유사성과 차이에만 주의를 기울이는 정적인 기술적 연구에만 한정하지 않고 설명이나 번역, 그리고 기초원리, 또는 Holmes가 말한 것처럼 "법칙"이라고까지 표현될 수 있는 반복적으로 나타나는 형태나 경향성의 규명에까지 주의를 기울였다. Kandel과 Hans는 교육제도를 이해하고 문제를 분석해 줄 수 있는 기초적 원리를 규명하는 데 관하여 썼다. Rossello는 "설명적 비교교육학이 교육의 과정을 지배하는 것처럼 보이는 요인을 알아내는 데 기여할 수 있고 동시에 우리들로 하여금 여러 가지 한계에서 비롯되는 잘못을 미리 예측하여 나아갈 바를 지각하게 할 수 있을까?"[16] 라고 질문하면서 교육의 "결정원리(determinant principles)"나 "결정인자"를 탐색함으로써 그 해답을 찾으려 했다. 미국에서는 Bereday와

---

16) Rossello, P., Comparative Education as an Instrument of Planning. See also, Concerning the Structure of Comparative Education, *Comparative Education Review*, vii, 2, 1963. pp.103-107. Difficulties Inherent in Researches in Dynamic Comparative Education, *International Review of Education*, vii, 1963-64. p.213.

Anderson이 비교교육학을 사회과학의 분석형태와 가정들에서 파악하려고 시도한 사람들로 잘 알려져 있고, Noah와 Eckstein은 명백하게 진술된 가설들에 대해서 그들이 신봉하는 "체계적이고, 통제되고, 경험적이며 (가능하다면) 계량적인 조사연구(quantitative investigation)"17)를 진전시키는 작업을 수행하였다. 영국에서는 비교교육학에 과학적 방법을 적용한 가장 유명한 사람은 Holmes이며, 비록 그가 실제에 있어서는 그의 방법이 전통적인 연구방법에 대한 대안적 방법이라는 데는 찬성하지 않았을지라도 우리는 그렇게 보아야 할 것이다. 결국 Holmes의 문제해결 방법론은 교육개혁에 공헌하고자 하는 비교교육학의 관심을 표현했을 뿐만 아니라 기초가 튼튼한 지식과 이론 체계를 점진적으로 형성하기 위해서는 연구기법을 개발해야 한다는 필요성을 표현한 것이다.

문헌을 통해서 나타난 비교교육학의 네 번째 목적은 <u>국제이해와 우의에의 기여</u>(contribution to international understanding and good will)이다. 이 기여의 방법에 대한 사고와 강조점에 관한 사고가 여러 해를 두고 진행되어 온 것같이 보이나 기본적 관심은 아직도 남아 있는 것 같다. 예를 들면 Noah와 Eckstein은 이 분야의 국제주의자의 목적의 표현이라고 볼 수 있는 여러 형태의 활동을 확인하였다. 그 첫째는 범위로 보아 국제적인 문제의 연구에 대한 관심이다. 하나의 예로써 Noah와 Eckstein은 1920년대와 1930년대 국가주의, 문화혁명, 산업화, 동ㆍ서간의 문화가치의 화해와 같은 세계적 이슈에 초점을 두고 또한 "세계평화와 국가안정이라는 대희망은 무지의 제거에서 가능하다고"18) 보았던 미국 Columbia 대학교 사범대의 **Paul Monroe**의 연구를 들었다. 사실상 세계 제2차대전 전후에 걸치는 몇 년 동안 무지를 제거하고 세계문

---

17) Noah, H. J. and Eckstein, M. A., *Toward a Science of Comparative Education*, Macmillan, Toronto, 1969. p.186.
18) Noah and Eckstein, pp.35-36.

제를 해결해 줄 수 있는 교육의 힘을 강력히 특히 많은 비교교육학(기여)자들은 교육의 국제적 관련성의 문제에 관심을 두는 비교교육학과 그것이 창출해 낸 국가들 사이나 개인들 사이의 접촉을 국제적 화합을 위한 근원으로 보았다. 예를 들면 **Isaac Kandel**은 비교교육학이 다음과 같은 데 기여하기를 바랐었다.

> 감정이나 감상에 기초를 둔 국제주의의 발전이 아니고 자기 나라뿐만 아니라 다른 나라에 대한 정확한 이해로부터 국제주의가 발전하며 모든 국가들이 자기 나라의 교육제도를 통해서 나름대로 세계의 문제와 진보에 공헌한다는 인식과 각국이 자기 나라의 학교를 통해 후손에 물려주고자 노력하고 있는 야망과 이상을 실현함으로써 국제주의가 발전하는 데 비교교육학이 공헌할 수 있을 것이라는 희망을 가졌다.**19)**

그러나 **Kandel**은 국가주의의 출현과 국가주의를 전달하고 장려하기 위해 국가교육제도를 이용하는 데에는 세계평화와 이해를 크게 위협하는 위험성이 내포되어 있음을 알았다. 6년간의 전쟁과 전쟁 이후 교육재건의 지연과 좌절, 그리고 1950년대의 냉전, 이 모든 것들은 그가 인간성을 위협하고 있다고 믿는 요인들에 더욱 염증을 내게 만들었다. 그는 비교교육학이 교육제도를 분석하고 이해하는 데 있어 개인과 사회의 이익에 반대되는 정치이념을 위한 수단으로써 제공되는 일을 하였다고 확신하였다.

Harvard 대학교 교육대학의 전 학장이었던 저명한 **Robert Ulich**도 **Kandel**과 동시대의 사람으로 강력한 인간주의자이며 국제주의자의 감상을 같이 하였다. 그는 비교교육학의 세계적 관점에 가치를 두었

---

19) Kandel, p. xxv.

는데 그는 교육을 이렇게 믿었기 때문이다.

> 교육은 자기 나라의 특수한 역사와 국경과 경쟁자를 가지고 있
> 는 국가문화의 측면에서뿐만 아니라 인간을 편협과 자기 아이디어
> 를 향하여 나아가도록 이끌어 주는 보편적 전통의 측면에서 교육
> 그 자체를 생각해야 한다.[20]

오늘날 비교교육학의 학술지와 교과서에서 **Kandel**과 **Ulich**처럼 그렇게 강력히 표현된 인간주의와 국제주의의 감상을 찾아보기는 흔치 않다. 비교교육학의 공헌자들은 아직 이 분야의 목적으로 국제적 협조와 이해를 포함시키고 있겠지만 이것을 핵심적 목적으로 삼기보다는 국가 간 비교연구로부터 얻게 되는 부수적인 바람직한 보너스 정도로 생각하고 있다. 사실상 방금 우리가 살펴본 것처럼 국제주의를 비교교육학으로부터 떼어내어 하나의 독립된 분야로 정의하려는 어떤 움직임이 있다.

세계이해의 목표와 비교교육학분야의 관련에 대한 이 이상의 표현은 첫 章에서 언급된 굵직한 국제기구의 활동과 합치된다. 세계의 학교제도에 관한 자료의 수집, 대조, 분배라는 국제교육국(IBE)과 UNESCO의 역할은 부분적으로는 국제적 관점에서 비교교육학의 가치를 설명해 주었고 부분적으로는 상당한 이용가치가 있는 자료를 제공해 줌으로써 비교교육학자에게 있어 적지 않은 관심사였으며 가치가 있었다. 이것은 특히 **Rossello**와 같은 학자들이 세계적 경향과 움직임, 그리고 이들의 기초가 되는 원리를 규명하는 연구에서 많은 축적된 자료를 사용할 수 있었던 계기가 되었다. IBE 기능의 회복과 함께 비교학자들이 **IBE**가

---

20) Ulich, R., *The Education of Nations-A Comparason in Historical Perspective*, Harvard, Massachusetts, 1962. p.vii.

가지고 있는 국제적인 풍부한 자료를 효과적으로 사용하고 재발견할 가
능성은 높아지고 있다.

  국제우의를 북돋운다는 비교교육학의 마지막 목적 표현은 국제교육
(international education)과 발전교육(development education)과 관련
된 성장이라는 분야와 합치된다. 용어의 재정의가 필요한 것은 바로 이
점에 있고 특히 미국에서 이러한 과정이 진행되고 있다. 비교교육, 국제
교육, 발전교육의 정당한 연구 영역과 이들 간의 관계성에 관하여 합의
(consensus)에 도달하였는지는 분명치 않지만 1960년대 중반에 비교교
육학회(Comparative Education Society)가 그 이름을 비교국제교육학
회(Comparative and International Education Society)로 바꿈으로써
하나의 특성이 분명해졌다. Fraser에 의하면 국제교육은 둘 이상의 사회
에서 개인과 집단 간의 지적, 문화적, 교육적 관계를 다루어야 하고, 또
상호 이익과 이해 증진을 위하여 국제적 방문과 교환과 같은 문제를 포
함한다. 반면에 비교교육학은 "여러 나라의 교육에서 유사성과 차이점
을 만드는 要因들을 이해하기 위하여 사회·정치적, 경제적, 문화적, 이
념적 배경의 측면에서 둘 이상의 국가 환경 내의 교육제도와 문제의 분
석"21)을 다루어야 한다. 그러므로 아마 국제교육은 특히 국제 상호 교
환과 이해 증진에 주로 목적을 둔 활동을 떠맡고, 비교교육학은 가능한
곳에서 교육과 사회의 관계성에 관한 명제의 타당성을 검증하기 위하여
유사성과 차이점, 경향성을 설명하면서 국가비교나 문화비교에 근거를
두고 교육제도를 분석하는 보다 더 학문적 과제를 다루게 한다.

  발전교육(development education)은 그 이름 자체에서 풍기는 것처
럼 소위 개발도상국에서의 교육의 역할과 관계가 있다. 이것은 특별
한 나라에 대하여 직접적인 지원을 하기 위하여, 또 발전의 과정과

---

21) Fraser, S., International and Comparative Education, *Review of Educ-
    ational Research*, xxxcii, 1, 1967. p.57.

문제에 관한 지식과 이해를 증진시키기 위하여 설계된 활동 프로그램과 연구를 포함하였다.

이들 세 분야 간의 구별은 주로 북아메리카에서의 현상이고 아마 전 세계의 국제원조 프로그램에는 미국이 상당히 많은 참여를 하였다. 실제로 국제적 상호 교환과 발전 프로그램을 위한 정부의 자금을 공유하기 위하여 광범하게 정의되었던 비교교육학에 대한 전통적인 관심을 보다 더 구체적인 관심과 정의로 만들려는 기관들에 관심을 갖게 되었다. 바꾸어 말하면 새로운 정치적, 국제적 상황과 새로운 기회는 당연히 비교교육학의 오랜 영역을 여러 분야로 명세화하기에 이르렀다. 특히 제도화된다면 기술된 선에 따라서 엄격하게 기능을 분리시키는 것은 오랜 영역을 쇠퇴시키는 결과를 가져왔다. 우리가 앞으로 배우게 되는 것처럼 재정의하는 것은 Noah와 Eckstein이 제시한 선에 따라서 비교교육학을 정의하는 사람에게 아마 알맞을 것이지만 다른 사람들에게는 이게 이 분야를 거세시키는 것을 의미한다. 예를 들면 정의된 것처럼 발전교육은 비교교육을 주로 서양의 선진국가로 제한하는 것 같다. 만일 비교교육학의 정의가 발전이나 역동적 변화에 대한 일반적인 강조를 포함하는 것으로 확대된다면 비교교육학은 현존 제도에 대한 정적 기술로 아주 제한되기 어렵게 될 것이다. 이제 세월이 흘러가면 이들 세 분야 즉 국제교육, 발전교육, 비교교육의 분야가 각각 독립하여 발전할 것인지, 아니면 서로 겹치며 상호 보완적 관계성을 견지할 것인지, 나아가 이들의 어떤 상대분야가 다른 나라에서 더 발전할 것인지 말해 줄 것이다. 그러나 이들 분야는 분명히 비교교육학에서 정체성 위기의 부분이 되고 이 분야의 주요목적을 명백히 하는 데 우리의 관심의 핵심이 된다.

누구를 위한 목적인가?

지금까지 비교교육학에 대한 광범한 네 가지 주장이나 목적이 문헌에서 오랫동안 그 위치를 확보해 오고 또 현재에도 여러 가지로 계속해서 그 지지를 받고 있다는 것을 알 수가 있었다. 그러나 이것들은 "광의의 목적"들이고 좀 더 자세히 이들을 명세화하려고 하거나 어떻게 그 목적을 달성하느냐에 대하여 논의하려고 하면 금방 의견이 일치되지 않는다는 점에 주목해야 한다. 이들 목적과 방법의 명세화에 대하여 보다 더 자세히 탐구하고 여기서 시작된 논의를 계속하는 것은 다음 장에서 다룰 것이다.

그러나 앞에서 시작된 것처럼 "누구를 위한 목적인가?(Purposes for whom?)"라는 질문을 통해서 비교교육학의 목적을 다른 방법으로 검토할 수 있다. 물론 학생, 실제 가르치는 교사, 교육행정가 그리고 다른 분야의 행정가, 정치가와 관심 있는 일반시민에게 적절한 목적들이 이미 논의된 일반적 목적들의 변종 또는 특수한 적용에 불과한 것처럼 보일 수도 있다. 그렇지만 여기서 이 문제를 제기하는 것은 비교교육학이 취할 수 있는 어떤 형식과 나중에 더 자세히 다루게 되는 어떤 형식을 여러분들에게 소개하는 기회를 제공하기 위함이다.

국제적 근거에 의하여 교육제도를 분석적으로 하는 분야는 많은 집단들에게 강력한 기여를 할 것은 아주 분명하지만 그 집단들이 요구하는 것이 목적, 내용, 형식에 있어서 다를 가능성이 있다는 것도 아주 명백하다. 우리는 교사교육에 비교교육학이 어떻게 관련되어 왔으며 특히 입문 또는 직전교육 코스로부터 연구의 다음 수준을 거쳐 더 높은 학위와 연구를 위한 발전된 프로그램에 이르기까지의 단계적인 연구수준을 망라하는 公式的 코스에서 비교교육학이 어떻게 가르쳐졌는가에서부터 논의를 시작할 수 있다. 확실히 이 범위 내에서 목적은 여러 가지이다. 예를 들면 **Edmund King**은 비교교육학의 여러 수준에 대하여 말하고 있다. 그 첫째는 교육연구의 초심자에게 해당되는데 <u>정보, 확인, 의사소통의 수준</u>이라 할 것이다. 대개 이 수준은 선정된 외국의 교육제도를 학생들에게 소개하는 지역연구(area studies)의 형태를 취한다. 이러한 소개는 학교와 교육제도에 관한 정보에 초점을 두지만 항상 학교와 제도에 영향을 주면서 동시에 학교와 제도에 의하여 영향을 받는 제도적 요인과 문화적 요인의 배경과 관련된다.**22)** 여기서의 목표는 다른 지역의 교육에 대한 학생의 지식을(증대시키는 데 있을 뿐만 아니라 교육과 사회의 상호 관계성을 설명해 주는 것과 여러 가지 상호 관계성의 성격과 그 결과를 탐색하는데도 있다. 그리고 이 모든 것을 통해서 학생이 자기 나라의 제도를 완전히 이해하게 될 것이라는 기대를 가질 수 있다.

이렇게 해서 이 과목은 교육제도의 전반적 구조와 그 구성 기관의 기술과 학교조직, 교육과정, 교육재정과 같은 주제에만 제한하는 게 아니고 교육과 정치, 경제, 사회체제 사이의 관계성에 관한 연구를 포함하고 현재의 제도를 만들어 낸 요인과 세력의 연구를 포함한다. 핵심점은 교육적 자료의 단순한 기술적 설명(만일 그것이 정말 가능하다면)을 거부하고 비록 이런 소개의 단계에서일지라도 적절한 분석과 해석의 형태를 적용한다는 것이다. 나아가 **King**은 그들이(초심자) "다른 문화 활동에 참여함으로 문화의 심층을 속속들이 알아야 할" 필요성을 촉구하였는데 "이것은 비교교육학 접근의 첫 단계가 한 나라의 전체적 생태적 상황이나 문화 상황에 대하여 잘 알아야"**23)** 하기 때문이다. 이게 매우 어렵게 들릴지 모르나 의도하는 바는 학생이

---

22) King, E. J., *Comparative Studies and Educational Decision*, Methuen, London, 1963. p.97-98.

23) King, E. J., *World Perspectives in Education*, Methuen, London, 1965. p.355.

단지 교육적 여행자가 되지 말고 가능한 한 내부로부터 한 나라의 교육을 보도록 격려해야 한다는 말이다.

이처럼 가치 있는 지역연구를 어떻게 달성할 것이냐에 대하여는 Bereday와 King이 주장한 연구방법을 논의할 때 살펴보게 될 것이다. Bereday나 King은 어떤 경우에서나 이 수준에서 바라는 성과는 선정된 사회의 "배경 속의 교육"에 대한 지식을 이해하고, 국가교육제도의 상대적 성격이나 조건적 성격에 대한 인식의 출발이며, 자국제도의 밑바닥에 깔려있는 가정이나 "주어진 조건"을 알고자 하는 더 많은 자발적이고, 비교교육학의 가능성과 함정에 대한 인식이라 할 수 있다.

제2의 수준에서도 King은 "기술적·분석적 정보가 여전히 주어지겠지만" "비교문화적으로 또는 관련되는 여러 학문(예를 들면 사회학, 정치학, 경영학)의 다양한 기준에 의하여 문제를 제기하고 설명하는 것이 주목적이라"[24]고 말하였다. 이 수준에서 학생은 지역연구 또는 단일국가연구에서 벗어나 <u>많은 사회에서 반복적으로 일어나는 문제에 대한 비교연구</u>로 옮겨 간다. 이러한 문제는 중등교육의 형태나 교육의 기회균등과 같은 일반적 문제일 수 있고, 중학교 과학교육과정이나 언어장애아를 위한 교정 프로그램의 새로운 개발과 같은 구체적인 문제일 수도 있다. King에 의하면 이 수준은 "정보를 알고자 하는 필요가 다시 정보를 알고 싶어 하거나 그들의 공식적 역할과 의무수행에 만일 어떤 결정을 위한 준비에 직접적인 관련이 없다면—도움이 되기를 바라는 기성교사와 성숙된 전문가에게 특히 적절하다." 여기서는 첫 수준에서보다 특별히 탐구범위에 더 초점이 주어져야 하고 비교 요소가 더 추가된다.[25]

---

24) King, *Comparative Studies*, p.98.
25) King, *Comparative Studies*, pp.97-98.

"세 번째 수준은 <u>더 체계적인 연구단계</u>(more systematic world of research)인데 이 단계에서 연구자는 우선 주제나 가설을 구상하고 그 다음으로 연구작업자의 전문적 정보나 통찰이 최대한 스며들어 갈 수 있도록 하나의 좁은 분야에 집착(limited)하게 된다."26) King은 "이 수준은 대학원 강의에 적절하며 비교교육학 연구자들의 활동으로 적절하다고 생각된다. 이상적으로는 연구 발전(결과)은 모든 수준의 강의나 세미나로 피드백 되어야 하고 또는 실제 문제에 관한 충고로써 외부영향을 걸러내야 한다."27) 이 단계에서 비교교육학은 교육제도와 이의 사회적 상호 관계성에 관한 새로운 지식이 창출될 수 있도록 기여하며 또 원리, 일반화 또는 이론의 윤곽이 가장 명백하게 표현된 것도 바로 이 수준에서이다. 또한 방법론에 관한 논쟁이 가장 날카롭게 대립된 것도 역시 이 수준에서이다.

King은 어떤 연구방법이 결정되든 지간에 순수 학문적 연구가(이론가)와 정책결정을 내릴 때의 엄격한 비교연구로부터 혜택을 입을 수 있는 교육에 책임을 진 여러 기관과 교육 당국과의 동반 의식을 촉구하였다. 사실상 그는 비교교육학의 네 번째 수준을 제시하였는데 課題가 硏究의 목적일 뿐만 아니라 <u>정보의 광범한 보급과 교육발전과 개혁 프로그램에의 적극적 개입</u>이라는 목적(wide dissemination of information and active involvement in programmes of educational development and reform)28)인 공공적 서비스에의 개입수준이다. 이 단계에서 King은 대학에서 비교교육학의 연구와 교수(teaching)에 참여하는 수준으로부터 비교교육자는 자신이 교육문제에 관한 정책자문의 개발에 보다 더 신중하게 유목적적으로 참여해야 한다는 그의 신념으로 옮겨 나갔다. 그러므로

---

26) King, *Comparative Studies*, p.98.
27) King, *Comparative Studies*, p.98.
28) King, *Comparative Studies*, p.100-101. Also *Other schools and Ours*, ch.3.

교육행정가와 정치지도자에게 비교교육학은 국제적 관점(international perspective)과 다른 분야와의 협조 아래 정보와 정책선택의 근원(source of information and policy choices)의 두 가지를 제공해 준다.

만일 대학 중심 연구의 위험이 결정의 실제 생활 문제와 무관하다는 데 있다고 주장된다면 정책결정자에게 당면한 문제에 관한 현장연구(action-research)에 완전히 개입하는 위험은 교육의 기초과정을 탐색하거나 교육과 사회 사이의 관계성을 탐색하는 체계적 비교연구에 주의를 덜 기울인다는 점이다. 분명히 두 형태의 연구가 다 필요하고 우리는 이 두 형태의 연구를 서로 독립적인 대안으로 생각하는 어떤 경향을 의식해야 한다. 이 두 형태의 연구자와 둘 중 하나나 양쪽에 다 기여할 수 있는 비교교육자를 위한 여지와 필요가 있다.

교사교육에 대한 계속적인 기여와 정책결정과 의사결정에 대한 활기찬 기여는 그렇다 치고 비교교육학이 학교와는 근본적으로 관계가 적은 연구와 활동에 참여하는 사람들에게 이용될 수 있다. 바로 어떤 목적으로 기여하느냐는 자연히 그 필요에 따라 다르지만 관심집단에는 특수 사회의 언어와 문학의 학도와 학자, 다른 기초(예를 들면 정치, 경제, 역사, 인류학적 기초)에 의하여 지역연구(area or regional studies)에 종사하는 사람들, 또는 외교관이나 정부나 자원단체의 회원으로서 다른 사회의 일을 준비하는 사람들이 포함될 수 있다. 그리고 물론 비교교육학자 자신들이 교육에 대한 중심적 문제에 이러한 집단들의 기여를 받아들이도록 개방할 필요가 있다.

결 론

비교교육학의 정체성 위기와 정확한 정의에 대한 계속되는 혼란에도 불구하고 적어도 부분적으로는 이 분야의 의도를 정의하기 위하여 아직도 어느 정도 질 높은 지원과 도움을 구하고 있는 것으로 여러 해 동안 그런대로 동의해 온 몇 개의 광범한 목적이 있다.

그러나 이들 목적의 범위와 연구의 비교국가적 비교문화적 규모, 비교교육학의 모든 측면에서 비교적 무제한적 교육에 대한 관심은 정의의 문제를 야기할 뿐만 아니라 또한 방법론의 문제를 야기하고 있다. 비교교육학이 덜 학문적이고 너무 현장 중심의 연구여서 이에 실망하는 학자들이 있다는 게 이상하지 않을 정도로 비교교육학은 아주 광범하고 다양한 학문배경과 관심을 가지고 있는 사람들의 즐거운 사냥터가 되어왔다. 반면에 어떤 사람들은 실용성 있는 방법론적 체계를 고안해 내려고 많은 노력을 바쳤고, 또 다른 사람들은 이 분야의 다학문적 성격과 다양성을 인정하고 집단적인 협동연구와 교수를 주장하였다. 이러한 주장과 또 반대주장의 상황에서 이 분야의 지도적 공헌자들이 제시한 교육의 비교연구방법을 소개하는 것을 초심자들은 환영할 것이다.

제4장
비교교육연구에 있어서의 함정

제4장 비교교육연구에 있어서의 함정

　비교교육학 연구를 발전시키고자 하는 사람들에게 미해결 상태로 남아 있는 몇 가지 대안적 연구방법들을 살펴보기(제5장~7장) 전에 문화와 국경을 넘어 교육이나 교육제도를 비교하려는 모든 사람들의 앞에 놓여 있는 함정을(pitfalls)을 확인해 내는 것은 아주 유용한 예비단계의 하나이다. 우리가 예상할 수 있는 것처럼 경솔한 사람 앞에는 덫과 함정이 여러 가지 형태로, 즉 어떤 것은 아주 분명하고 명백하게, 또 어떤 것은 부분적으로 가려지고 포착하기 힘든 형태로 있게 마련이다. 단번에 완전히 연구해 나갈 길(track)을 분명히 한다는 것은 불가능하지만 적어도 독자 여러분에게 몇 가지 위험성에 대하여는 지금 경고해 주고 다른 위험한 문제들은 뒤에 우리가 여러 가지 비교연구방법을 논의할 때(제5장~7장) 말해두는 게 좋을 것 같다. 각각 다른 여러 방법론자들이 해야 할 주요 과제 중의 하나는 타당한 비교를 하기 위하여 어떤 공통된 문제점이나 함정들을 발견하는 일이라는 것을 우리는 실지로 알게 될 것이다. 우리는 그들이 문제점이나 함정을 밝히는 데 얼마나 성공할 수 있을까 하는 물음과 동시에 시도된 해결 방안을 자체가 다른 문제점이나 함정을 만들어 내지는 않는가를 알아보아야 한다. 그러나 이 章의 목적은 비교학자가 최종적으로 어떤 방법을 선택하여 사용하든지 간에 비교학자들이 범할 수 있는 많은 함정들을 확인해 내는 것이다.

그 첫째는 <u>신뢰로운 정보의 수집</u>(gathering of reliable information)과 관련된다. 물론 여기서의 곤란점은 유독 비교교육연구자에게만 해당되는 것은 아니지만 자료를 여러 나라(사회)로부터 찾아야 할 때 정확하고 신비로운 자료를 수집하는 것은 아주 어려운 일이다. 정확한 정보에 근거하여 자료를 수집하는 것은 다음 단계인 해석과 비교를 위하여 아주 중요하기 때문에 여러 가지 면에서 검토(checks)하는 것이 절대적으로 필요하다. 예를 들면 정보의 출처를 조사하고 신뢰도 검사를 실시할 필요가 있다. 정보원은 누구이며 정보내용은 무엇인가? 믿을 만한 것으로 알려진 정보원인가 아니면 편견이나 편파성이 개입되어 있는가? 그 자료에서 나온 어떤 특정 종류의 정보가 다른 자료에서 나온 정보보다 신빙성이 있는가?

교사의 부족현상에 관한 문교부장관(또는 지방교육기관의 장 또는 지방교육위원회 의장)의 발표와 교사단체(teachers' union) 지도자의 진술을 생각해 보기로 하자. 전자는 사실상 일종의 양면적 주장으로 교사 대 학생 비율의 향상과 교사 양성생 수의 증가를 주장한다. 문교장관은 교사부족 현상은 없고 교사 對 학생 비율은 적정이며 향상되고 있으며 만일 교사부족 현상이 있다면 교사 양성 프로그램이 곧 극복할 것이라고 말하고 있는 것이다. 그러나 교사단체 지도자는 교사 대 학생 비율의 계산 방법에 의문을 제기하고 특정교과영역에서의 구체적인 부족현상을 지적한다. 교사 단체 지도자는 교사 양성에서 수적인 증가는 인정하지만, 교사부족이 가장 심한 교과 영역에서의 적정교사수에 대하여 의문을 제기하고, 교사양성기관의 졸업과 실제 교직에의 진출 간에는 3~4년의 시간차를 지적하고, 독자들에게 높은 이직률을 상기시킨다. 제공되는 정보의 정확성이란 측면에서 보면 양쪽의 정보원 전부는 아무런 결함이 없을 수도 있다.

그러나 자기 자신의 목적에 따라 각자는 다른 근거에 의하여 자기의 자료를 개발하고 또 "실제상황"을 서로 다른 관점에서 구성한 것이다.

똑같은 문제가 국제수준에서도 생기는데 정부가 UNESCO 같은 국제기구에 정보를 제공하는 경우에 특히 이런 현상은 현저하게 나타난다. 예를 들면 정부 자체가 제출하는 결정 또는 최선의 가능한 관점에서 그 국가가 제시하려는 결정은 국제적 소비자를 위한 교육통계와 정보를 위조하게 되거나, 아니면 특별히 선정된 근거나 요구되는 특별한 해석하에 자료를 제시하게 된다는 것은 흔히 주장되는 이야기다.

출처의 검토 필요성은 정보 자체의 검토 필요성으로 변한다. 정보를 독립적으로 검증할 수 있는가? 이 정보가 이미 알려진 사실과 부합되는가? 정보가 내적으로 일관성이 있는가? 정보의 편집근거와 방법은 무엇이었나? 이러한 검토(check)는 국제적 이용을 위하여 미리 "마련된(cooked)" 정보를 확인할 뿐만 아니라 일반적으로 믿을 만한 출처에서 생기는 불일치도 확인해 낸다. 가령 오스트레일리아 교육에 관한 어떤 통계를 구하는 데서 저자는 최근에 정부연감과 각 주의 연감 사이에 같은 해 같은 문제에 관한 통계가 다른 것을 발견하였다. 그 차가 엄청난 것은 아니었지만 이들 차가 출처의 선정문제를 일으켰다. 비교연구자의 함정은 필요한 의문을 제기해 보고 확증하는 일도 없이 출처와 정보를 너무 쉽게 받아들인다는 점이다.

두 번째 주요함정은 비교연구자에게 특별히 위험한 것이다. 사실상 이 함정이 여러 함정들의 집합인 셈인데 이들 함정 중의 어떤 것은 가장 기대되는 비교를 쓸모없는 것으로 만든다. 비교학자들이 특히 범하기 쉬운 오류로 인해 <u>비교동등성을 확인할 필요성</u>이 증대된다. 비교를 위한 타당한 근거나 기준을 설정할 필요성에 대하여 말하는 것은 너무나 진부한 이야기이지만(다시 말하면 비교되려면 비교될 수 있는 것들끼리 비교해야 한다.) 비교동등성의 확립이 중심문제이며 계속되는 문제라는 것은 아직도 사실로 남아 있기 때문이다.

다음과 같은 여러 기본적인 질문을 해 보면 이 문제가 갖는 여러 형태를 설명할 수 있으며 그에 대한 대답(guard)을 해 줄 것이다. 독자 여러분 자신이 다른 질문을 더 보태도 좋을 것이다.

1. 똑같은 용어가 똑같은 의미를 갖는가?

여러분의 나라에서 사용되는 특별한 용어에 부여된 의미가 다른 나라에서도 같은 의미를 가질 것이라고 가정하는 경향은 당연하다. 그러나 이것은 흔한 경우가 아니기 때문에 비교하고자 하는 사람은 여러 나라들 사이에 일반적으로 사용되고 있는 용어의 의미에 관하여 아주 확실히 할 필요가 있다. 영국에서의 "Public school"은 Independent school(독립학교) 또는 Private school(사립학교)에 해당되는데 미국에서는 공립의 지방학교이다. 오스트레일리아 내에서도 New South Wales 주에서는 주가 제공하는 학교가 Public school(공립학교)로 불려지지만 Victoria 주에서는 Public schools(사립학교)들이 영국에서의 의미를 따라서 독립지구 또는 비정부지구내의 한 집단이 된다. "Decentralized system"(분권제도) "Comprehensive school(종합고등학교)", "Curriculum(교육과정)", "Course(코스)", "College(대학)", 심지어는 "Teacher(교사)"와 같은 여러 일반적인 용어들이 나라에 따라 서로 다른 의미로 사용된다. 여기서 비교학자에게 아주 가치 있는 두 프로젝트를 국제교육국(IBE)이 진행시키고 있는데 이 도움의 필요성이 절실하다. IBE가 추진하고 있는 그 첫째는 공동으로 사용하는 개념의 명료한 어휘를 제공해 주는 영어와 불어로 된 교육용어사전과 또한 다른 나라로부터 들어 온 자료에 관한 정보색인 어휘이다. 둘째로 하고 있는 일은 다중언어 교육사전 시리즈가 될 것 중 제1권이다. 이 사전은 하나의 특정 영역(첫 권은 특수교육)에 초점을 두고 영역에서만 사용되는 용어에 대해 4개 국어－영어, 불어, 러시아어 그리고 스페인어－로 된 병렬식 목록을 수록할 것이다.

교육학용어사전(thesaurus)의 필요성에서 시사된 것처럼 다중언어전문교육사전은 단지 주의를 요하는 공용어의 정의에만 목적이 있는 것은 아니다. 공동으로 사용되는 기본개념의 정의는 더 복잡한 문제이다. 자기 나라의 동료와의 토론에서는 특수한 개념에 대한 공통의 지식과 이해를 전제로 하기 때문에 언어적 약어(verbal shorthand)의 형태를 사용하는 것은 가능하고 당연하다. 여러 해 동안 사용되어 온 친숙한 개념이 다른 곳에서 달리 표현되거나 심지어는 금지되는 것을 보고 때로는 일종의 충격을 받기까지 한다. 예를 들면 "Intelligence(지능)", "Social Differentiation(사회계층)", "Maladjustment(부적응)"과 같은 개념이 영국과 소련에서 아주 다른 의미를 갖는다.

더구나 각 사회마다 지적 전통이 서로 다르고 사고방식과 문제접근 방식이 서로 다르다는 것을 알 수 있다. 다른 나라 사람이 이 용어와 개념의 의미를 포착하기가 매우 어렵고 더 근본적으로는 다른 문화집단의 사고방식에 맞추기란 매우 어렵다.

2. 동등한 집단을 비교하고 있는가?

미국과 유럽 몇 나라에서 고등교육, 즉 대학생의 교육성취도를 비교한 연구를 논의하면서 Torsten Husén은 유럽 집단이 높은 지적 능력을 갖고 있다는 결론에 의문을 제기하였다. 학업성취 측정에서는 분명히 유럽 집단이 우수하였지만 Husén이 제기한 한 가지 문제는 아주 다른 집단을 대상으로 하여 연구하였다는 것이다. 유럽에서는 고등교육의 학생은 학교 인구의 3~6%를 대표하는데 이들이 검사로 측정되는 모집단으로 선정되었는데 비하여 학교 인구의 25~35%를 대표하는 미국 학생들은 아직 소수 비율이지만 비교되는 유럽 학생률보다 훨씬 광범한 범위의 능력을 나타내고 있다. 3~6%가 아닌 상위 25~35%가 비교의 목적으로 표집이 된다면 유럽 학생들이 어떻게 되겠는가?1) 라고 Husén은 질문한다(역주: 최근 미국 고등교육 인구는 해당 연령의 50%에 육박한다).

몇 년 전 교사의 역할에 관한 4개국 연구를 보고하는 세미나에 저자가 참가한 적이 있다. 미국, 영국, 오스트레일리아, 뉴질랜드의 교사를 대표하는 표집으로 선정된 사람들에게 적용된 질문지로부터 나온 결과를 발표자가 제시하고 있었다. 이 연구 결과에 의하면 미국 교사들이 나머지 다른 나라의 교사들보다 어린이를 다루는 데 더 허용적(permissive)이고, 더 아동 중심적이고, 그 관계성에 있어서 더 온화하고, 교직에 더 행복감을 갖는다는 것이었다. 영국 교사는 교수적 접근에 있어서 가장 진보적인 것으로 분류되고, 오스트레일리아 교사는 가장 권위적이고 학습 중심 또는 과업 중심적이었다.

그러나 뒤따른 토론에서 각 나라에서 질문지에 반응한 초등교사와 중등교사의 균형에 있어서 차가 있는 것이 밝혀졌다. 그렇다면 한 나라의 표집에서는 중등교사가 60% 표집되고 다른 나라에서는 단지 40%가 표집되었을 때 "교사"에 관한 비교를 도출하는 것이 과연 합리적이었다고 볼 수 있는가? 한 나라에서는 반응자의 90%가 여교사였고 다른 나라에서는 여교사의 수가 훨씬 적었다. 측정된 교사 특성의 어떤 것이 얼마만큼 성역할의 차에 영향을 미쳤는가? 결국 사용된

---

1) Husén, T., The Effect of school Structure Upon Utilization of Ability: the case of Sweden and some international comparisons. *Social Objectives in Educational Planning*, O. E. C. D., 1967. p.53.

표집이 비교될 수 없는 것이기 때문에 근본적으로 이러한 비교는 타당도가 의심스럽다.

여기에 묘사된 이런 종류의 문제는 부분적으로 연구기법(research technique)의 문제이지만 바로 이런 연구기법의 문제가 다른 나라의 교육제도에 대해 무지한 이유가 될 수 있다. 예를 들면 유럽과 미국의 교육제도를 아는 사람이 Husén이 지적한 실수를 저지르지 않았기 때문에 비교교육학을 실제적으로 이용할 수 있다는 것이다. 이와 유사한 예로, 여러 학교제도의 효과성에 대한 비교를 6세 아동에게 수학을 가르치는 것과 관련해서 찾으려는 연구계획서를 한 번 읽은 적이 있다. 많은 나라에서 6세는 공통적으로 취학연령에 해당되지만 불행하게도 연구에 포함된 소련 어린이들은 7세가 되어야 학교에 들어간다. 이 연구의 비교적 측면에 관하여 지도를 받으러 저자에게 왔던 학생(연구계획 작성자)은 오스트레일리아에서처럼 모든 나라가 5세에 취학하는 것으로 단순하게 생각하였던 것이다. 만일 이 연구자가 10세 어린이 또는 3학년 어린이를 연구하기로 선정했다 할지라도 특정 개념을 가르치는 학교 단계가 다르고 학교 구조가 다르다는 것을 고려해야 할 필요가 있었기 때문에 그러한 문제는 일어났을 것이다.

<u>다른 목적을 어떻게 고려할 것인가?</u>(How do you take different purposes into account?) 이 질문은 타당한 비교를 하는 중에 처할 수 있는 가장 어려운 함정 중의 하나에 대한 일종의 경고이다(세 번째 주요 함정). 예를 들면 어떤 기관들이 똑같은 이름을 갖고, 널리 보아 문화적 교육적 전통이 비슷한 사회에서 기능하고, 동일 연령의 학생들을 수용하고 있지만 전혀 다른 이론적 근거(rationales)에 바탕을 두고 운영될지도 모른다. 어떤 한 고등학교에서 교장과 교사들이 고정된 교과와 정밀한 시험이라는 틀 속에서 전통적인 학문의 가치와 체제적인 연구 그리고 정확한 지식은 강조하면서도 개인적이고 사회적인 적응은 바람직하지만

부수적인 성과로 간주할 수도 있다. 다른 학교의 교사들은 개인적 사회적 성장을 학생들의 다양한 자발적인 활동을 통해서 그리고 언제 어떻게 무엇을 할 것인지 결정하는데 상당한 자유를 갖게 함으로써 성취해야 할 중심목표로 가치 있게 여길 수도 있다. 이들 교사는 이러한 강조의 한 가지 결과가 학문적 연구라고 믿는다. 만일 위의 두 학교를 일반적 의미에서 비교하려고 한다면 이 두 학교의 이론적 근거가 다르므로 비교의 기준을 고려할 필요가 있다.

만일 여러분이 수학이나 언어기능의 성취도만을 비교한다든지 사회성 특성의 측정만을 비교한다면 검사의 양식이 한 학교에 유리하더라도 문제가 그렇게 심각하지는 않을 것이다. 전통적인 주요 교과(academic subjects)의 시험 성취를 전반적인 학교 효과성의 단일측정 또는 주요측정으로 사용하는 것은 그 경향으로 보아 더 심각한 문제이다. 이러한 상황에서 비교는 사용되는 측정도구에 알맞은 학교에 유리하게 편파적일 것임에 틀림없다. 어떤 일반적인 비교는 학교의 목적과 목표와 관련된 여러 속성을 측정하도록 포함해야 한다. 그렇지 않으면 200m 경주를 통하여 단거리 선수와 장거리 선수를 비교하는 결과가 되고, 심지어는 발레 무용수 보고 노래하지 못한다고 비난하는 결과가 된다.

비슷한 목적이나 이론적 근거를 전제로 한 측정이나 특정 목적에만 비중을 둔 측정을 적용하는 이러한 경향이 분명한 것같이 보이지만 오랫동안 영국의 중등교육을 어지럽혀 왔다. 문법학교(grammar school)가 영국교육에서 가장 바람직한 것으로 확인되어 왔기 때문에 1944년 교육법 이후에 개발된 중등현대학교(secondary modern schools)와 종합중등학교(comprehensive secondary schools)가 주로 문법학교의 측면에서 평가되고 있다는 것을 알게 되었다. 이들 두 학교는 분명히 그리고 의도적으로 문법학교가 아니고 아주 다른 전제하에 설립되었기 때문에 비교하게 되면 대개 불리하게 되어 있다. 사실상 직원들이나 대중들이 문법학교를 다른 학교를 재는 하나의 척도로 보는 경향 때문에 중등현대학교를 학구적 흐름으로 발전시키는 압력의 한 요인이 되고, 종합학교로 하여금 시험에 성공한 통계를 통해서 능력 있는 학생이 이 학교에서 상처를 입고 있지 않다는 것을 보여주도록 압력을 받는 한 요인이 되었다.

물론 목적이나 이론적 근거에서의 차가 학교의 형태를 비교하는 데 어려움이 될 뿐만 아니라 아주 다른 기반을 가지고 있는 사회에서 아주 다른 가정 위에서 기능하는 교육제도를 검토하는 데 어려움이 되고 있다. 비교연구의 특별한 공헌은 문화적 배경 속에서 학교와 교육실제를 검토하고 필요성 위에 주장되었고, 또 비교를 쓸데없는 것으로 생각하는 경솔한 비교를 피해야 할 필요성 위에 주장되었는데 봉사할 것으로 기대된 각각 다른 목적을 설명하는 데 실패하였다.

네 번째 주요함정은 아마 <u>일반성 대 특수성의 함정</u>(the generality-specificity trap)이라고 말할 수 있다. 만일 여러분이 "미국의 초등학교(American primary schools)", "영국종합학교(the English comprehensive school)", 더 심한 경우는 "아시아의 교육(Asian education)"에 대하여 자신 있게 말하는데 전연 불안을 느끼지 않는다면 여러분은 벌써 이 함정에 빠져 있는지도 모른다. 그러나 이것은 여러분이 하고자 하는 지역연구나 비교에 관련되는 자료를 선택하고 다룰 기준을 결정하는 데 있어서 아주 일반적이고 자주 일어나는 문제에 속하며 또 이것은 여러 형태로 나타난다. 그 여러 가지 형태의 어려움 중 하나는 어떤 종류의 자료이며 자세한 정도가 그 연구의 목적에 맞느냐 하는 문제가 된다. 예를 들면 우리가 "미국교육" 또는 "미국고등학교"에 대하여 그저 감각적으로 말하기 시작하기 전에 미국 50개 주의 교육에 대하여 어떤 지식이 필요한가? 우리가 미국 교육제도와 실제의 다양성과 복잡성을 조금이라도 안다면 우리는 하나의 입장에서는 국가 전체를 결코 일반화 시킬 수 없다는 사실에 놀랄 것이다. 그러나 반면에 우리가 너무 특수성과 지역 변인에만 관심을 돌리게 되면 우리는 보다 더 일반적인 성격이나, 경향성, 추이 등을 확인할 기회를 놓쳐버리게 된다.

두 번째 어려움은 관찰된 현상을 그것의 설명에 도움이 되는 상황 속에서 파악해야 하는 필요성에서 생긴다. 오스트레일리아나 영국의 종합학교와 비교해서 스웨덴의 새로운 기초학교의 발전 적절성에 관심이 있다고 가정하자. 확실히 될 수 있는 한 우리는 새로운 학교형태에 관한 많은 정보를 수집할 필요가 있고, 또 스웨덴의 교육제도와 그 제도 속에서의 기초학교의 위치를 알아야 할 필요가 있다. 그러나 이에 더하여 기초학교가 그것의 한 부분이기도 한 스웨덴의 학교개혁을 추적하고, 그 교육개혁을 뒷받침하고 있는 교육이론과 사회이론을 이해하며 또한 학교발전을 특수한 정치적, 사회적, 경제적, 교육적 세력들 간의 상호 작용의 산물로써 검토할 필요가 얼마나 있는가?

사회과학교육과정 분야에서 선진국으로 인정된 5개국 사회에서 사회과학 교육과정의 변화를 우리가 연구하고자 한다고 가정해 보자. 우리는 특정 교육과정의 기술, 말하자면 내용 분석(content analyses)을 넘어서 발전이 이루어져 나온 배경분석(analysis of the contexts)으로 얼마나 깊이 옮겨 가야 하는가?

행동과 개혁에 주의를 기울이는 사람들은 때때로 비교교육학의 방법론에 고민하는 사람들에게 회의적이다. 그러나 여기서 제기된 질문은 비교교육학의 체계적인 발전이 중심문제이고 또 해결되어야만 한다. 비교교육학의 주요 학자들이 이 문제에 어떻게 대처하는지에 대하여는 앞으로 살펴보게 될 것이다.

다섯 번째로 있을 수 있는 함정은 <u>비교의 제도, 국가, 또는 사례의 선정</u>(in the choice of systems, countries or cases for comparison)에 있다.

여기서도 비교의 목적이 중요하다. 가령 목적이 문제해결, 또는 정책적 권고라면 우리는 아마 "참조국(reference countries)"을 선정하게 될 것이다. 이 참조국은 우리 사회와 전통이나 발전에서 연결된 나라이거나, 이 나라들의 경험이 우리에게 적절하거나 적용가능하다는 것을 시사하는 여러 측면의 기반에 비추어 볼 때 우리의 것과 충분히 같게 생각되는 나라이다. 그래서 만일 교사 센터(teacher center, 역주: 교사의 교수 기술 개선과 전문적 성장을 위하여 교사들 스스로 노력하는 중심 센터라 할 수 있다. 영국에서 처음 개발되어 성공적이었고 요즈음 미국에서도 계속 확대되고 있다.)의 발전 가능성이 오스트레일리아에서 논의되고 있다면 어떻게 이것이 영국, 미국, 스웨덴에서 개발되고, 어떤 기능을 하고 있으며, 어떤 문제점과 효과가 있는지 알아야 도움이 될 것이다.

그러나 문제해결이나 정책적 권고를 가져오는 것으로 생각되는 비교는 때때로 의심스런 국가 선택에 근거를 두는 경우가 있다. 최근 인도네시아의 교육을 연구하는 한 학생(연구자)이 그녀가 중간수준의 교육의 대안형태라 부른 형태에 관심을 나타낸 적이 있다. 그녀가 확인 발견한 하나의 문제점은 농업과 공업 발전을 위하여 절실히 필요한 서비스를 제공해 줄 수 있는 무역과 기술계통 교육의 미개발이었다. 그녀는 인도네시아에 가능한 모델로 오스트레일리아와 영국에서의 무역, 기술교육의 형태를 연구할 것을 제안하였다. 그러나 그녀는 논의에서 계획상의 두 가지 문제점을 인정하였다. 그 중 하나는 우리가 앞에서 비교동등성(comparability) 확립의 문제로 논의했던 것인데 아주 다른 문화로부터 나온 교육의 가정과 실천을 인도네시아의 것으로 번역하는(바꾸어 놓는) 문제가 제기되었다. 다른 것은 서로 관련된 것이다. 선진 서방세계의 모델을 찾는 것의 자동적 경향이 옛날 식민주의 태도를 계속해서 받아들이려고 군침을 당기지 않을 것인가? 인도네시아에게 알맞은 참조국은 어느 나라인가? 왜 하필이면 오스트레일리아와 영국을 살펴보는가? 예를 들어 말레이시아와 필리핀을 참조국으로 하면 안 될 것인가?

물론 비교의 목적이 전부 문제해결이 아닐 수도 있고 또 사례 선정의 다른 기준이 적용될 수도 있다. 예를 들어 교육에서 교회와 국가의 관계(church-state relations, 역주: 종교와 공립학교의 문제로 오늘날까지 미국에서는 이것이 중요한 이슈로 남아 있다. 예를 들면 공립학교에서 일과시간에 기도와 주기도문 외우기를 허용할 것인가 말 것인가 등이 문제가 되고 있다.) 연구에서 하나의 구체적 목적은 이들 관계가 놓여 있는 하나의 연속선을 확인하고 그 연속선 위에 관계성의 주요 카테고리를 늘어놓는 것이다. 이 경우 아마 교회와 국가㈜의 일치(unity)가 존재하는 사회로부터 양자의 분리, 심지어는 교육에서 교회 활동을 금지하기까지 하는 사회에 이르기까지의 범위에 해당하는 극단 또는 양극의 사례가 설정될 필요가 있다. 그러면 여러 사회들이 합의된 기준에 따라 형태가 분류되어 연속선의 양 극단 사이에 놓이게 될 것이다.

다시 말하여 교육제도와 다른 사회제도 사이의 관계성에 관한 가설(hypotheses)을 검증하기 위하여 사회들 간의 비교를 활용한 것도 목적이 될 수 있다. 그래서 "한 사회의 사회제도가 개방적이면 개방적일수록 그 사회의 교육제도는 더욱 혁신적일 것이다."라는 가설이 성립되면 정의된 개방성의 정도가 다른 사회제도를 가진 사회를 대표하기 위하여 사례를 선정하여야 할 것이다.

우리가 앞으로 살펴보게 되겠지만 비교교육학의 저명한 학자들은 비교의 사례 선정을 하나의 중요한 문제로 생각한다. 여기서 우리는 하나의 경고를 포함시키겠는데 선정된 나라는 시도하는 비교를 하기에 적절한가? 라는 것이다.

여섯 번째로 마지막 함정은 편견(bias)의 함정이다. 우리가 우리 자신의 경험에 의하여 조건화되고, 특별한 의식적 또는 무의식적 관여

(commitments)를 하게 되거나 이어받게 되는 한 편견의 문제는 피할 길이 없고 방심할 수 없는 것이다. 우리가 가능한 한 객관적이려고 하는 우리의 의도에도 불구하고 다른 학교제도에 대한 우리의 독서나 경험은 솔직히 우리 자신의 문화적 가치적 필터(걸름막)를 통해서 들어옴으로써 편파적이거나 편견이 되는 것은 피할 길이 없다. 이런 의미에서 비교를 편견으로부터 중립적일 수 있도록 보호하자는 주장은 결국 불가능한 목표를 제시하는 격이 되었지만 적어도 여러 종류의 편견이 비교에 영향 주는 방법을 의식할 필요성에 직접적으로 주의를 기울이게 한다. 최근 소련의 학교를 방문하는 학술여행(study tour) 중에 저자가 속했던 집단의 한 사람은 그에게 좋게(favour) 보이는 모든 것을 그는 무조건 거부하였다. 어떤 것도 볼 수 없다는 것을 발견하였다. 그 제도가 진술한 가정과 객관성에 의하여 학교에서 관찰한 것을 조사하려고 한다는 비교연구자의 기본적인 정상적 요구사항이 이 사람에게는 전연 불가능하였다. 다른 방문자는 먼저 사람과 정반대로 소련에 대하여 너무나 동정적으로 기울어져서 그가 보는 것마다 단지 칭찬만 하고 있다는 것을 발견하게 되었다고 가정해 보면 이 두 사람은 소련의 학교의 진짜 모습이 무엇이었는지에 대하여 서로 논쟁할 가능성이 아주 높다. 거의 모든 사회에서 교육에 대하여 아주 반대의 지각을 말하는 경우가 있으리라는 것은 의심의 여지가 없다. 이런 데서 중요한 변인은 관찰자나 학생에게 스며든 특별한 가치개입이라는 편견이다.

 편견은 명백하게 인정되고 허용되기까지 하는 정치적 관여(commitments)로부터 쉽게 튀어 나올 수 있지만 이것은 자유스럽지 못하게 허용된, 심지어는 의심을 가진 지각 속에 쉽게 그 근원을 둘 수 있다. 수업에서 이것을 토의하는 중에 저자는 한 번 여러 나라를 목록으로 나열하고 차례대로 각 나라에 대하여 가지고 있는 학생들의 감정(느낌)을 빨리 빨리 말해 달라고 학생들에게 요구한 적이 있다. 우리는 그 나라의 교육에 대하여 공식적인 연구를 시작하기도 전에 각 나라에 대하여, 때로는 그 나라 사람들에 대하여 벌써 어떤 감정과 선입견, 호감과 반감을 가지고 있다는 것을 곧 발견하였다. 이러한 감정의 근원(출처)을 찾으면서 거의 직접적인 개인적 경험에 근거를 두고 있지 않으며, 대개 전해 내려오는 이야기라는 사실을 학생들 스스로 발견하게 되었다. 어떤 것은 다른 나라의 집단에 대한 특별한 고정관념이 반영된 것이고, 어떤 것은 전쟁 당시 가족이나 친구의 경험에서 나온 것도 있다. 그러나 다른 것 중에는 현대 세계의 사건 속에서 특정 국가의 역할의 해석에 근거를 두고 있는 것도 있고, 흥미 있게도 어떤 다른 것은 오스트레일리아와 오스트레일리아 국민이 자주 말하는 고정관념에 저항하는 반응 속에서 생긴 것도 있다.

물론 지각과 해석, 개입(Commitment)상의 차는 피할 길이 없다. 그래서 비교교육학자의 과제(그리고 사실상 비교교육학자가 공헌해야 할 하나)는 자신의 연구에서 균형을 찾고 명백한 편견은 피해야 할 뿐만 아니라 다른 사람으로 하여금 이 함정을 인식하도록 격려하는 일이다.2)

외국학교 방문시의 위험

비교교육학 프로그램의 한 부분으로서, 또는 다른 대학 집단의 한 회원으로서, 또는 단지 한 개인으로서 다른 나라를 여행할 행운을 안은 사람들이 직면하기 쉬운 함정에 대해서 특별한 경고를 이 장의 하나의 후기로 써야 할 것 같다. 우선 이런 경고의 말은 자기 나라 제

---

2) Bereday, G. Z. F., *Comparative Method in Education*, Holt, Rinehart and Winston, New York, 1964. ch. 9.

도에 관련되는 발전이나 경향을 탐색하기 위해 단기간의 해외방문을 떠나는 교육계 또는 정부 당국의 인사들에게 집중된다.3) 다행히 점점 많은 학생과 교사, 행정가들이 다른 나라의 학교를 방문할 수 있게 되었는데 이런 현상이 사람의 시야를 넓혀주고 사람으로 하여금 교육에서 전해 내려오는 전제나 가정, 그리고 실제에 도전하게 만들어 준다는 의미에서는 환영할 만한 일이며 격려되어야 할 일이다. 그러나 여기에도 많은 함정들이 부주의 하는 여행자를 기다리고 있다.

이들 함정 중 그 첫째는 "여러분 자신이 보려고 하는 것"과 딱 맞아떨어지는 것은 아무 것도 없다는 의미를 너무 무비판적으로 받아들인다는 것이다. 이와 대조적으로 단기간의 해외여행은 다른 나라의 교육제도를 이해하는 데 도움 못지않게 위험이 더 따른다. 잠깐 동안의 해외방문에 근거하여 개인이 "즉흥적 전문가(instant expert)" 행세하는 것은 잘 알려진 사실이다. "결국 가는 곳에 대하여 알아야 한다는 것"을 우리는 말한다. 그러나 여행이 보다 더 예비연구와 후속연구의 계획된 프로그램의 통합된 부분이 되면 될수록 타당한 연구를 위해 더욱 더 가치로운 가능성이 있다. 이것은 다른 나라 교육제도에 대한 여행과 직접적 경험은 가치가 있기 때문이며 또 여행자에게 당면하는 어떤 함정에 주의를 기울이는 게 좋다는 의견에 권위를 매기기 때문이다.

간단히 말하여 보다 정확히는 여기서 논의한 모든 함정을 만난다는 주장이 될 수 있는데 짜여진 스케줄을 지켜야 하고 시간은 짧기 때문이다. 이것은 텅 빈 진공 속에서 교육제도를 검토하게 되는 위험을 인정하고, 이것을 문화적 배경 속에 놓아야 할 필요를 받아들인다. 그러나 미국에서 3주일, 그 다음에 영국에서 3주일에 가능한 것은 무엇이란 말인가? 여행자는 아마 공동으로 사용되는 용어와 개념의 정의를

---

3) Trethewey, A. R., On Visiting School Systems Overseas. *The Journal of Educational Administration*, x, 1, 1972. pp.88-94.

확인할 필요가 있다는 것이 생각나지만 자기 모국어 이외의 언어로 기본 수준에서조차 의사소통하기 어렵다는 것으로 압도당하게 된다. 비교의 목적에 맞는 사례의 선택이 중요하다는 것을 기억하지만 다시 스케줄이 너무 빡빡하고, 또 방문과 관찰의 대표성과 수의 문제가 또다시 괴롭히기 시작한다. 예를 들어 만일 여행자가 비정규중등학교나 대학외 고등교육의 발전에 대하여 연구하고 있다면 언제 충분한 수의 기관과 그 기관의 대표자를 방문할 것인가? 분명히 조직적인 면에서 목표의 명료성의 양면에서 최초의 준비를 철저히 할 필요가 있다.

편견도 또한 하나의 함정으로서 인정되지만 일반적인 표현을 보호하는 속에서 그 출처가 매우 인간적이고 단순하다는 것을 나중에 알게 된다. 왜냐하면 따뜻한 친절과 순수한 관심(그리고 물론 그 반대로 이들의 부족으로) 특별한 가치에 기울어진 것과 꼭 마찬가지로 인상과 판단을 채색할 수 있기 때문이다.

그러나 이것은 배경, 의사소통, 표집, 편견의 문제가 고조된 경험을 어떻게 해석하느냐 하는 질문 속에 들어 있다. 참으로 만일 여행자가 이들 문제를 의식하고 미숙한 일반화를 회피하기로 결심하였다면 여행자는 아주 틀림없는 결론을 도출해야 할는지, 또 확실히 어떤 "결정(pronouncements)"을 해야 할는지 곧 의아해야 할 것이다. 여기서 단일 국가에서나 또는 비교적 근거에서 정말 현장연구의 형태라는 설계가 무엇인지가 중요하게 된다. 만일 여행자가 완전한 정보와 인상의 축적보다 더 많이 가지고 돌아오려고 한다면 기대치 못한 또는 "준비 이상"의 발견의 가능성을 배제하지 않는 한 자기 연구의 목표를 설정할 필요가 있고, 그 한계를 끌어내고, 용어를 정의하고, 비교의 근거를 생각하고, 가능한 엄격하게 증거를 수집할 필요가 있다. 일을 하고 있는 동안 몇 가지 공동적인 경향성이나 함정을 막아 내야 할 것이다. 즉 무비판적으로 자기가 들은 것을 받아들이고, 예상된 아이디어와 의견의 확실성을 찾고, 너무 쉽게 그리고 너무 전체적으로 일반화하고, 독립 사건을 너무 쉽게 전형적인 또는 특징적으로 해석하지 않도록 하여야 할 것이다. 물론 방문자가 이런 일의 어떤 것을 할 때 우리가 어떻게 반응할 것인지 알지만 우리가 자기 나라를 떠날 때 우리들 자신이 어떻게 쉽게 정확한 똑같은 일을 하고 있다는 것을 발견할 것인지가 문제이다.

이러한 경향성은 여행자에게 해당하는 함정이지만 동시에 일반적인 비교연구자에게도 공통적인 것이다. 그러나 해외여행자에게만 특수한 하나의 함정이 더 남아 있다. 이것은 아마 "문화의 충격(culture shock)"으로 요약될 것이다. 대개 이것은 새로운 그리고 때로는 압도되는 경험에 여행자가 갑자기 노출되는 결과이다. 그리고 이 문화충격은 시간변경 지역을 넘어 비행기 여행을 하고, 정상적인 일상적 일이 바뀌고, 바쁜 스케줄, 새롭고 다른 사태의 급습으로 인해서 대처하기 쉽지 않다. 문화충격의 증세는 개인에 따라 다르고 여러 형태를 갖고 있다. 어떤 사람은 단지 어리둥절한 느낌을 갖고, 또 부적절한 느낌을 갖는다. 어떤 다른 사람들은 새로운 경험에 대한 반응에서 표현을 발견한다. 또 하나의 공통적인 첫째 증세는 "복잡성의 충격(complexity shock)"인데 여기서는 여행자가 이해할 수 없는 일에 실망하는 것이다. 여행자는 "전연 다른데"라는 느낌으로 압도당한다. 여기서는 여행자가 적어도 일시적으로라도 자기가 당하는 경험을 분류하거나 해석하는 적절한 방법을 발견할 수 없게 된다. "복잡성 충격" 속의 어떤 여행자는 전연 다른 반응을 갖는데 Noah와 Eckstein은 이것을 "Judy O'Grady 오류"라고 부른다. 새롭고 혼동되는 경험의 와중에서 이 여행자는 사실 "전 세계가 다 마찬가지야"라는 무익한 반응을 가지고 자기의 관찰을 분석하고 해석하는 복잡한 문제를 회피한다.

두 번째 공통적인 증세는 "무의미 충격(insignificance shock)"이다.

이것은 한 여행자가 교육계에서 자기의 대학이나 교육 당국에 대하여 별로 아는 게 없다는 것을 알게 될 때, 그리고 자기들이 알고 있는 지식에서 이 차이(gap)에 의하여 크게 곤란한 게 더 없다는 것을 느낄 때 이 "무의미 충격" 현상은 나타난다. 두 개의 다른 증세가 자기 나라를 떠나 있는 여행자와 관련되어 있다. 자기를 정말 아는 모든 사람들의 제약을 훌훌 벗어난 이 여행자들은 감히 국내에서는 아는 체도 못하던 모든 종류의 이슈나 주제에 관하여 자신 있게 그리고 권위를 가지고 활기를 띠고 말한다. 자국의 교육의 부적절성에 대하여 심한 비평자로 알려진 어떤 다른 여행자는 글자 그대로 거의 다 말한 것을 상대방이 수긍한다는 것을 갑자기 발견하고, 또 자신이 복잡하고 훌륭한 설명을 하고 있다고 생각한다.

경고적인 의미를 주는 이 장의 윤리는 부분적으로는 비교교육학을 가볍게 시작할 수 없다는 것인데 왜냐하면 경솔한 사람에게 함정은 기다리고 있기 때문이다. 그러나 우리가 앞 장에서 살펴본 것처럼 교육제도들 사이에서 여러 종류의 비교를 할 수 있다. 이 중에 어떤 것은 공식적 연구로 계획적인 것이고 다른 어떤 것은 사실상 해외방문에서 얻은 비공식적 산물인 경우도 있지만 이들은 모두 교육과 정책 형성에 관한 논의를 하는 데 영향을 줄 수 있다. 만일 그렇다면 학생이나 교사로서 비교교육에 참여한 사람들이 해야 할 과제 중의 하나는 비교교육학이 건전한 기반을 갖고 있고 확고하게 발전되어 왔다는 것을 가능한 한 확신하도록 하는 일이다. 비교교육학에 있어서의 함정을 앞에서 확인하여 찾아낸 것은 이 과제의 한 부분에 해당된다. 다른 과제는 타당하고 생산적인 비교연구를 해낼 수 있는 대안적 전략이나 방법의 윤곽을 밝히는 것이다(다음 제5~7장).

제5장
비교교육학의 연구방법 탐구 I

제5장 비교교육학의 연구방법 탐구

독자 여러분에게 비교교육학의 대안적 연구전략이나 연구방법을 소개하는 일은 쉬운 일이 아니다. 그 이유는 부분적으로는 이 분야의 폭이 대단히 넓기 때문이고 또 여러 가지 방법으로 비교교육학을 정의하고 다양한 연구방법과 절차를 적용하려는 연구자들의 유혹(attractiveness) 때문이라 할 수 있다. 그러나 이것은 또한 비교교육학의 발전 단계와도 관계가 있으며 보다 최근에는 그 자체로서도 많은 문제점을 내포하고 있는 사회과학의 연구방법 체계와 기법을 적용하는 것과도 관계가 있다.

이런 상황에서 비교교육학의 모든 접근법을 종합적으로 다 다루기는 어렵다. 가장 도움이 되는 절차라고 한다면 몇 명의 이 분야의 지도적 학자가 주장하는 방법을 기술하고 논의하는 것인데 이들의 접근방법은 서로 다를 뿐만 아니라 그 각각은 널리 받아들여지고 있으며 또 나름대로의 어떤 주장이 들어있다. Isaac Kandel과 Nicholas Hans는 현대적 학자는 아니지만 이 분야에서 그들이 남긴 연구와 그들의 계속적인 영향 때문에 그들의 방법을 검토해야 하며 특히 비교교육학의 역사적 연구의 입장의 하나로서 그들의 연구방법을 검토할 필요가 있다. 비교교육학에 다학문적 접근(cross-disciplinary approach)을 적용하는 George Bereday의 뛰어난 공헌, 문제해결적 접근(problem solving approach)을 통해 보다 더 열성적으로 과학적 방법을 찾는 Brian Holmes의 탐색,

Edmund king의 여러 가지 방법의 탐구와 정책지향 연구에 대한 관심 또 비교교육학을 완전히 사회과학의 영역 속에서 파악하려는 **Harold Noah**와 **Max Eckstein**의 시도, 이 모든 것에 우리는 주의를 기울이지 않으면 안 된다.

물론 다음에 살펴보게 되는 이런 서론적 설명이 이 사람들의 "원저(in the original)"를 조심스럽게 읽고 생각하는 일을 대체할 수는 없으며 오랜 동안에 걸쳐 이들이 기울인 노력의 진가를 올바로 판단할 수도 없다. 그렇지만 이런 서론적 설명은 초심자에게 비교교육학의 주요 인물 몇 명을 소개하고 건전하고 생산적인 연구방법을 개발하려고 노력하는 데 있어서 중심문제(central issues) 몇 가지를 소개해 주는 개관을 할 수 있게 해 준다. 여러분들은 여기에서 제시되는 몇 가지 다양한 접근의 배경을 가지고 이 책에 제시된 참고문헌을 통하여 또는 사례연구를 통하여 더 자세히 특정 방법이나 이슈를 추구하는 데 격려가 되었으면 한다.

A. 역사적 분석을 통한 교육의 이해와 원리발견

1. Isaac Kandel

오랜 동안 미국 **Columbia** 대학교 사범대 비교교육학 교수였으며 여러 저서와 저널의 편집자요, 저자며, 강연자이고 국제여행자였던 **Isaac Kandel**은 의심의 여지도 없이 금세기 중반 약 25~30년 동안 비교교육학의 중요인물이었다.[1] 1965년 84세로 사망 시 그는 비교교육학의 **Gr-**

---

1) Kandel의 잘 알려진 유명한 책 중에는 *History of Secondary Education*, Harrap, 1931, *Comparative Education*, Houghton Miffin, 1933, *Types of Administration*, Melbourne University Press, 1938과 *The Cult of unc-*

and Old Man(역주: 영국의 자유당의 정치가, 수상이었던 W. E. Gladstone(1809-98)의 별명)의 존경을 받았다. 그러나 그의 방법론에 대한 고찰은 오늘날의 교사와 학생에게 문제점을 던져주고 있다.

하나의 문제는 Kandel을 비교교육학의 역사상 중요한 인물로 인정하여 그의 시대 대부분이 반영되고 이제 과거의 일부가 된 1950년대 후반까지의 주요 학자로 그를 초심자들에게 소개할 것인가 아니면 오늘날의 학생들에게 제시될 수 있는 하나의 모델로써 아직도 유용한 연구방법과 분석의 대표자로써 그를 소개할 것인가 하는 문제이다. 이 둘 다 전적으로 적절하지는 못하다. 내용과 방법에서 볼 때 Kandel의 저서는 확실히 그의 시대의 최고봉이었고 그 시대를 대표한다는 점에서는 그 자신의 가설이 최고의 가치가 있다. 그래서 아직도 그로부터 배워야 할 귀중한 교훈이 남아 있다. 반면에 그의 방법이 현대의 비교교육학 학도들에게도 중요한 모델로써의 유용성이 있느냐 하는 점에는 전적으로 찬성할 수가 없다.

Kandel의 접근을 가장 완전하게 나타낸 것은 1933년에 처음 출판된 그의 저서 *Comparative Education*(비교교육학)2)의 서문과 서론에서 찾아볼 수 있으나, 물론 다른 여타의 책이나 논문에서 그의 논지에 대한 반대 입장이 있을 수도 있다. 그리고 오랫동안(대략 1961년까지) 학술

---

ertainty, Arno Press, 1943이 있다. 그는 1937년 New Education Fellowship의 후원 아래 한 집단의 외국 교육자들과 함께 강연 여행 중에 오스트레일리아를 방문했다. 그의 방문 인상은 *Types of Administration*에 담겨 있는데 그는 이 책에서 오스트레일리아 제도를 "효율성을 위한 교육"으로 특징지었다.

그는 *Educational Yearbook* from 1924-1944, *School and Society* from 1946-1953 and the *Universities Quarterly* in 1948 and 1959를 편집하였다. 그가 죽자 그를 추모하기 위해 G. Z. F. Bereday는 *The Comparative Education Review* ix, 3(1965)에다 글을 썼고, Robert Ulich는 *International Review of Education* ix, 3(1965)에다 글을 썼다.

2) Kandel, I. L., *Comparative Education*, Houghton Mifflin, Boston, 1933.

지에 자주 기고를 하였지만 그의 기본적인 방법은 변경되지 않았다. 1954년에 출판된 *Comparative Education as the New Era in Education*(교육의 신기원으로서의 비교교육학)3)을 다시 썼는데 이 책, 특히 "비교교육학의 내용과 방법에 관하여"라는 첫 장을 검토해 보면 20년 동안 그의 방법이 얼마나 거의 변화되지 않았는가를 알 수 있다. 사실상 1959년에 출판된 "The Methodology of Comparative Education(비교교육학방법론)"4)이란 한 논문에 근거하여 볼 때 그는 변화에 저항했다고 보는 게 좋을 것 같다.

1933년에 저술한 책(*Comparative Education*)에서 Kandel을 몇 개국의 교육제도 비교는 "어느 정도 그 목적에 따라서 다양한 처리 방법이 있을 수 있다."5)는 것을 인정하였다. 비교교육학의 연구방법에는 여러 가지가 있다. 하나의 방법은 교육에 있어서 교육비와 학생등록률이나 보유율의 비교에 통계적 방법을 적용하는 것이라고 Kandel은 말한다. 다른 또 하나의 국가 복지에 대한 교육의 공헌도를 문맹 통계, 무역과 상업거래의 양, 빈곤과 범죄율로 비교하고자 하는 것이다. 세 번째 방법은 여러 나라에서 교육의 질을 비교하려는 시도이다. 그러나 1933년의 책에서는 이러한 연구를 수행하는 데 필요한 측정도구가 아직 적당한 게 개발되지 않았다고 Kandel은 믿었다. Kandel에게 있어서 "비교교육학자의 과제는 일반교육, 즉 초·중등교육의 의의를 국가교육제도의 성격을 결정짓는 여러 요인 즉 정치적, 사회적 그리고 경제적 요인들에 비추어 논하는 것"이었다.6) 교육의 문제와 목적은 대개의 나라에서 서로 비슷하지만 이에 따른 해결 방안은 전통과 문화적 차이의 영향을 받아

---

3) Kandel, I. L., *The New Era in Education*, Harrap, London, 1954.
4) Kandel, I. L., The Methodology of Comparative Education, *International Review of Education*, 1959. pp.270-8.
5) Kandel, *Comparative Education*, p. x .
6) Kandel, *Comparative Education*, p. x .

서 각각 다르다고 그는 주장한다. 그래서 만일 여러분이 일반적인 문제에 대한 해결 방안, 예를 들어 영국, 불란서, 독일, 이탈리아, 러시아 그리고 미국 등 6개 교육선진국의 해결 방안을 각 나라의 문화·전통의 측면에서 연구하고자 한다면 반드시 교육의 의미나 철학에 대한 보다 일반적인 이해에 의존하게 된다.7)

  Kandel의 견해로 볼 때 비교교육학이 교육연구의 중요한 한 분파로서 발전하는 데 늦어진 네 가지 이유가 있다. 외국 학교제도에 대한 설명이 (1) "단순한 기술"이었는데 이 단순한 기술은 그 자체에 흥미는 있지만 한 나라에 대한 기술이 다른 나라로 전이될 수 없다. 그리고 그러한 설명이 (2) 문화배경과 문화적 설명을 고려치 않고 단지 교육의 관점에서만 쓰였고, 또한 (3) 일반적 경향성이나 원리를 규명하려는 시도가 거의 이루어지지 않았으며 (4) 그러한 설명들은 각 학교제도가 독특하고 그래서 각 나라의 실제와 기본 아이디어를 다른 나라에 적용할 수 없다고 가정하였다.8) Kandel은 이러한 비판을 긍정적인 진술로 표현하지 않았지만 비교교육의 연구는 한 나라에서 다른 나라로 교육 아이디어를 이식하여 적용할 수 있다는 이식가능성(transferability)과 적용가능성(applicability)을 전제해야 하고, 단순한 기술에서 벗어나 정치적 사회적 문화적 배경 속에서 분석과 설명으로 옮겨 가야 하고, 일반적 적용을 위한 경향성과 원리를 규명하는 시도를 해야 한다고 주장한 것은 의미 있는 이야기다. 비교자를 위해 일련의 연구단계를 표현해 보면 (1) 기술(description)로부터 이어서 (2) 설명(explanation) (3) 비교분석(comparative analysis), 끝으로 (4) 교육의 형태(patterns), 경향성(trends) 원리(principles)의 규명에 이르는 것을 암시한다.

---

7) Kandel, *Comparative Education*, p.x.
8) Kandel, *Comparative Education*, pp.xvii-xviii.

그러나 무엇을 기술, 설명, 비교할 것인가? Kanael에게 있어서 출발점은 모든 나라가 당면하는 문제점들 예를 들면 누가 어린이 교육을 통계할 것인가? 사회와 국가의 성원들을 위하여 사회와 국가의 책임을 얼마나 확대할 것인가? 선정된 조직 사회에 있어서 자유의 의미는 무엇인가? 취학전 교육, 초·중등교육의 범위는 어디까지인가? 교육과정은 어떻게 되어야 하나? 교육 과정은 누가 구성해야 하나? 교육행정과 규정을 중앙집권화 할 것인가 아니면 지방분권화 할 것인가?9) 등이다.

이미 추론하였던 단계의 순서를 숙고해 보면 이제 다음과 같이 Kandel의 방법을 제시할 수가 있다.

1. 모든 나라에 공통적인 하나 또는 그 이상의 문제에 주어지는 이론과 실제상의 해답의 기술(description). 그러나 "단순히 교육구조, 학교제도의 조직과 행정, 교육과정과 교수과정, 수업절차를 연구하는 것은 별로 쓸모가 없을 것이다."10)

2. 현재의 교육구조, 조직과 행정, 교육과정과 교수과정, 수업절차를 만들어 놓은 원인의 분석이란 측면에서의 설명(explanation)이나 해설(interpretation) "한 국가의 교육제도의 실제적 의미를 이해하고 감상하고, 평가하기 위해서는 그 나라의 역사와 전통, 사회구조를 지배하는 세력과 태도, 그 나라의 발전을 결정하는 정치적 경제적 조건을 어느 정도 아는 것이 핵심이라"11)고 Kandel은 썼다. 그래서 Kandel의 비교연구는 "교육제도의 밑에 깔려있는 포착하기 힘들고 감지하기 어려운 정신적, 문화적, 세력의 평가로부터 시작하고," 또 "학교가 반영하는 사회적, 정치적 이상의 분석

---

9) Kandel, *Comparative Education*, pp.xviii-xviv.
10) Kandel, *Comparative Education*, p.xix.
11) Kandel, *Comparative Education*, p.xix.

위에 기초를 두었다."**12)** 그러므로 이 두 번째 단계에서는 왜 교육의 특수한 제도와 실제가 연구 대상국으로 선정된 각 나라에서 발전되었는지를 설명하기 위하여 비교학자들은 주로 역사적 방법을 사용한다.

3. "여러 교육제도와 그 제도를 뒷받침하고 있는 이유들 사이의 차와 비교"**13)**를 포함하는 비교분석(comparative analysis)의 단계로 나아간다.

4. 끝으로 형이상학(metaphysics)이나 윤리(ethics)보다는 오히려 관찰된 실제에 근거하여 교육의 철학을 형성하려고**14)** 시도하고 어떤 원리(principles)와 경향성(tendencies)을 추출하려고**15)** 시도한다.

만일 이러한 방법론을 **Kandel** *Comparative Education*(비교교육학)의 서론에서 언급한 것으로부터 추론할 수 있다면 그 다음 단계는 그의 책 본문과 다른 발표물에서 그가 쓴 것을 검증하는 것이다. 다른 논평자들도 그의 방법을 대체로 비슷하게 설명하고 있다는 점에 주목해야 한다. 예를 들면 **Kazamias**와 **Massialas**는 비교교육연구는 세 가지 주요 목적에 의하여 지배된다고 암시했는데 이 연구의 기초가 되는 신뢰할 수 있는 정보를 찾던 지식의 축적과 기술(repertorial-deseriptive)의 목적과 (2) 원인의 역사적 분석이란 측면에서 교육제도의 설명을 찾고 이런 원인들이 실제 작용하는 제도에 관심을 갖는 역사-기능(historical-functional)의 목적 그리고 (3) 우리가 앞장에서 살펴본 강력한 인간주의적 국제주의자적 감상을 표현한 世界改善的(melioristic) 목적이다.**16)**

---

12) Kandel, *Comparative Education*, p.xix.
13) Kandel, *Comparative Education*, p.xix.
14) Kandel, *Comparative Education*, p.xxiv.
15) Kandel, *Comparative Education*, p.xxiv..
16) Kazamias, A. M. and Massialas, B. L., *Tradition and Change in Education-A Comparative Study*, Prentice Hall, New Jersey. 1965. p.3.

Kandel 자신이 여러 차례 그의 중심적인 방법을 재진술하였다. 예를 들면 *New Era in Education*(교육의 새로운 전기)에서 이렇게 쓰고 있다.

> ……교육사의 연구를 계속하고 그러한 역사를 현재 속에서 재음미하는 비교교육학의 연구는 교육과 교육이 봉사하는 집단의 文化樣式 사이에 존재하게 되는 밀접한 관계를 설명해 준다. 현재의 교육제도를 만든 영향을 발견하기 위하여 그 뒤를 살피지 않고서는 어떤 교육제도를 이해하고 제도들 사이의 차이를 이해하기란 사실상 불가능하다.**17)**

1959년에 발표된 방법론에 관한 그의 논문에서 "방법론에 관한 한 비교교육학은 교육사의 연구를 현재 속에서 계속하는 것이라고 간주될 수 있다"**18)**고 기록함으로써 그의 입장을 되풀이 하였다.

Comparative Education(비교교육학)이라는 그의 책을 검토해 보면 앞에서 그 윤곽을 설명한 연구단계의 순서에 있어서 일반적인 일관성이 있으며 설명이나 해석의 단계에서 광범한 역사적 분석을 적용하고 있다는 것을 밝히고 있다. **Kandel**은 "현재의 모든 국가교육제도의 발전에 기초적인 문제" 즉 "개인의 권리를 사회와 국가의 한 구성원으로서의 그 개인의 지위와 어떻게 조화시키느냐"**19)**와 같은 문제점을 가지고 *Comparative Education*(비교교육학)을 써나가기 시작하였다. 교육제도는 국가목표에 의하여 결정되기 때문에 이것은 특별한 하나의 문제라고 주장하였다. 이 말은 여러 형태의 국가주의에 대한 이해가 교육제도 자체를 이해하는 열쇠라는 의미이다. 바꾸어 말하면 교육의 공통적 문제를 위한 그들의 접근에서 나라들 사이의 많은 차이는 그 각각 다른 국민

---

17) Kandel, *The New Era*, p.46.
18) Kandel, The Methodology of Comparative Education, p.273.
19) Kandel, *Comparative Education*, p.xxiii.

성(national characters)이나 국가주체성(national self-identities), 그 국가의 특별한 역사와 전통의 산물이란 측면에서 설명될 수 있다. 이들 명제와 교육과 국가주의와의 관계성, 국민성을 반영하고 매개하는 것으로서의 국가제도의 발전에 대한 논의가 이 책의 첫 두 장에 제시되었다.

이러한 일반적인 참조의 틀을 가지고 Kandel은 연속적으로 부수적인 문제를 다루었는데 즉 "국가와 교육", "국가교육제도의 조직", "교육행정", "초등교육", "중등교육", "선진교육 실험국(leading educational laboratories)"으로 선정된 6개국의 초·중등학교 교사 양성의 일련의 문제들을 다루었다. 각 장들은 일반적인 문제의 진술로 시작하여 각 나라의 상황을 묘사하고 이것을 광범한 역사적 측면에서 국가목표와 특성을 참조하면서 해석해 나갔다. 또 사실상 이 책은 일련의 국가적 사례연구를 비교가 아닌 병치(Juxtaposition)로 다루고 있다고 말할 수 있는데 그 이유는 이러한 국가적 사례연구가 각 장의 서두에서 객관적 서술에 그쳤고 각 장은 어떤 경향이나 형태에만 주의를 기울인 객관적 진술이기 때문이다.

Kandel의 비교교육연구방법에서 하나의 주요 곤란점은 각 나라의 교육제도를 기술하고 그 다음에 그 제도를 낳게 한 정치적, 경제적, 문화적 세력이란 측면에서 분석할 때 6개국 교육제도를 만들어낸 다루기 힘든 방대한 양의 자료에 놓여 있다. 여기서 Kandel은 모든 비교교육자들이 반복적으로 직면하는 문제에 부딪쳤다. 그의 해결 방안은 광범하고 전반적인 역사적 접근을 사용하는 것이고 또 그의 문제를 정의하고 설명하기 위한 개념으로 국가주의와 국민성을 적용하는 것이었다. 최근에 Kandel의 책은 두 가지 점에서 비판을 받아 왔는데 이 점에 대하여 논의할 필요가 있다.

Kandel은 자기의 연구방법을 "현재에 이르기까지의 교육사의 연구의 계속"이라고 말하였지만 Kandel을 단적으로 한 카테고리나 학문의 체계로 분류하기는 사실상 어렵다. 그의 저작을 어떤 좁게 정의된 학문으로 제한하기는 확실히 어렵다. 사실상 1959에 그는 "비교교육학 연구는 다학문적 연구(interdisciplinary study)"라고 쓰고, 또 다른 나라의 언어와 해외여행을 통해서 다른 나라와 익숙하게 되는 것은 말할 것도 없고 비교교육학의 전문가는 여러 정치이론과 교육사, 경제학에 대한 지식을 가져야 한다고 시사하였다.[20] 그러나 왜 이것으로 그쳐야 하는가? 그리고 햇병아리 비교학자에게는 다른 문제가 또 있다. 그러나 이 단계에서의 초점은 Kandel은 그가 열거한 내용에 대한 지식을 갖고 있으며 그의 작품은 여러 분야를 망라하고 있다는 것이다.

Kandel은 훌륭한 학자 중의 한 사람이었으며 또 폭넓게 읽고, 깊이 생각하고 "많이 알기(knew)" 때문에 책을 많이 썼다. 그는 독자가 자유자재로 자기 저서의 전거를 검사하거나 자료를 검토할 수 있도록 하는 그런 역사적 저작의 규범을 전혀 따르지 않았다. 예를 들면 그의 책 속에는 아주 거의 증거자료가 없다. 사실상 Kandel의 결론은 실제로 검증을 해야 할 가설(hypotheses)에 불과하다고 Noah와 Eckstein으로 하여금 주장하게 만들고 또 Kandel의 강점은 반복될 수 있는 객관적 연구이거나 다른 사람들이 검증할 수 있는 것이기보다는 오히려 자기 자신의 개인적 권위에 있다고 주장하게 만든 한 부분적 이유가 된다.[21] 이러한 Noah와 Eckstein의 주장에 대한 Kandel의 방어로서 그의 책은 당대의 많은 역사—철학적 작품의 전형이었다는 점과 어쩌면 그의 결론은 항상 논의의 여지가 있으며 또한 다른 학자들의 논박의 여지가 있다는 점에 주목할 수가 있다. 그러나 Kandel의 역사편찬사를 탐구하는 것은 정당한 이유가 있지만 그를 비교교육학의 "역사적 접근"의 대표자로 분류하

---

20) Kandel, The Methodology of Comparative Education, p.276.
21) Noah, H. J. and Eckstein, M. A., *Toward a Science of Comparative Education*, Macmillan, Toronto, 1969. p.51.

는 것과 그리고 그의 작품에 대한 원전 연구를 통해서 현대 비교교육학에서의 역사적 분석의 위치는 있다손 치더라도 거의 미미하다고 결론을 내리는 것은 대체로 옳지 못한 표현이다. 그러한 결론을 내리기 전에 우리는 특별히 제한된 방법으로 비교교육학의 목적을 정의해야 할 것이며 말할 것도 없이 역사편찬사의 현대적 발전을 검토해야 할 것이다.

Kandel의 연구방법에 대한 두 번째 다른 주요 비판은 교육에서 국가적 특성을 기술하고 그리고 각 나라의 교육구조와 정책에 있어서의 국가들 간의 차이를 설명하려고 시도할 때에 국민성(national character)을 사용한 점에 집중되고 있다. 이 말은 Kandel의 연구방법은 시대에 뒤진 것이며 오늘날에 더 이상 구체적으로 적용할 수 있는 모델이 아니라는 또 다른 예이다. 확실히 인류학자들과 사회학자들은 집단들 간, 심지어는 국가 집단들 간의 차를 가져 온 결과를 기술, 설명, 추적하는 데 관심을 갖고 있지만 그러나 국민성이라는 낡은 개념은 이제는 그 유용성을 잃은 것처럼 보인다. 그러나 아마 여러분은 이 개념이 많은 문헌에서 쓰이고 있는 것을 발견할 것이기 때문에 그리고 Kandel과 Hans에 의해서 사용되고 더구나 Vernon Mallinson에 의해서 광범하게 사용되었기 때문에 이 논의의 마지막 부분에서 더 논평을 해야 할 것 같다.

Kandel의 접근법에 대하여 두 개의 비판을 더 첨가하기로 한다. 비교연구를 가능한 한 객관적으로 하고자 하는 사람은 Kandel의 많은 작품을 통해서 빛나는 분명한 가치전제(Value assumptions)에 관심을 집중한다. Kandel은 교육을 사회개혁의 수단으로 볼 뿐만 아니라 그는 사회재건을 시켜야 할 토대를 알고 있었다. 그는 감정에 좌우되지 않는 관찰자였다. 그는 나치주의(Nazism)와 공산주의(Communism)의 출현에 괴로워하고 당혹해 했으며 사람의 아이디어와 생활의 모습을 만드는 데 교육의 힘이 크다는 것을 인정하였다. 그에 의하면 외국학교제도의 연구는 교육의 힘과 그 힘들의 관계를 밝힐 수 있고 그렇게 함으로써 그가 민주국가라고 생각하는 여러 국가를 논의하면서 그들 국가의 교육제도와 그것들의 밑바닥에 깔려있는 이념을 떠받치는 데는 어떤 노력이 필요한가를 자유로이 검토할 수 있게 해 준다.

그의 연구의 일반성(generality)의 수준에 대해서도 비판을 받아왔다. 마지막으로 이 비판을 논하면서 여러분은 아마 여러 나라들이 중등교육을 어떻게 조직하고 있으며 그렇게 조직한 이유가 무엇인지 즉, 어떤 원리에 입각하였으며 어떤 이론에 의거(enunciated)하였는지에 대해 많은 것을 알게 될 것이다. 이에 대한 대답은 Kandel의 공헌이 교육제도와 이 제도의 일반적인 기능에 대한 독자의 지식과 이해를 넓혀주는 데 있는 것이지 원리와 이론을 말해 주는 데 있는 것이 아니라는 점일 것 같다. 그러나 Noah와 Eckstein이 제안한 것처럼 Kandel은 오늘날 많은 학자들이 비교교육학에 접근하는 방법에 있어서 계속적으로 영향을 주고 있는 학교와 사회에 관한 이론과 학교와 사회의 인과 이론(causation)에 관한 이론을 제공하였다.22) 무엇보다도 Kandel의 연구는 교육제도에 관한 정확한 정보의 근거를 확립해야 할 필요성과 교육제도가 성장 발전해 나온 역사문화적 배경(historical-cultural context)의 중요성을 의식할 필요성, 그리고 기술(descriptions)의 단계를 뛰어 넘어 설명(explanations)으로, 그리하여 원리(principles)의 단계로 옮겨 갈 필요성을 초심자에게 상기시키고 있다.

2. Nicholas Hans

Kandel이 미국 뉴욕의 Columbia 대학교 사범대를 중심으로 활동하고 있는 동안 이 분야에 늦게 들어오게 된 Nicholas Hans는 London 대

---

22) Noah and Eckstein, p.51.

학교 King's College에서 활동했는데 거기서 그는 비교교육학의 강사 (Readership)직을 갖고 있었다. Kandel과 마찬가지로 Hans도 광범한 범위로 출판하는 폭 넓은 관심을 가지고 있는 학자였지만 그의 주저 *Comparative Education: A Study lf Educational Factors and Trad-itions*(비교교육학: 교육요인과 전통에 관한 연구, 1949)는 이 분야에 대한 그의 접근(방법)을 가장 명확하게 이해하도록 해 준다.[23]

확실히 Hans는 자기 자신의 비교연구방법에 미친 Kandel의 영향, 특히 교육제도에 영향을 준 요인의 역사적 분석에서 Kandel에 의존한 것을 인정하였지만 Hans는 Kandel의 분석을 더 발전시켜 나갔는데 여기서 Salzburg 비교교육원(The Institute of Comparative Education in Salzburg)의 동년대인 Frederick Schneider의 연구의 영향을 받았다. Schneider는 교육이론과 실제에 영향을 주는 지속적인 요인을 확인하고 분류하려고 노력했으며 비교연구를 위한 분석체계와 설명체제를 제공하려 하였다. Hans가 추구한 것도 이 문제였다.

Hans가 비교교육학을 보았던 것처럼 비교교육학은 비교법학, 비교종교학, 비교해부학과 같은 앞선 연구와 똑같은 길을 따라가고 있었다. 이들 학문은 (1) 현존 기관이나 성인조직(유기체, organism)을 비교하는 것에서 시작하여 (2) 역사적 발전을 통하여 공통의 기관과 분화의 증거를 찾고, (3) 결과적으로 이런 다양성의 기초가 되는 어떤 일반원리를 형성하려고 하였다고 그는 말한다. 이와 마찬가지로 비교교육학은 (1) 교육의 현존 현상에 대한 기술, 비교하고, (2) 역사적

---

23) 다른 작품은 *History of Russian Educational Policy*, 1701-1917, *The Russ-ian Tradition in Education*, Routledge and Kegan Paul, London, 1963 and *New Trends in Education in the Eighteenth Century*, Routledge and Kegan Paul, London, 1951이 포함된다. 1969년 그가 사망하자 Edmund King에 의하여 *Comparative Education* v. 3, 1969, pp.211-212이 출판되었다.

연구를 통해서 유사성과 차이점을 분석하며, (3) 다양성의 기초가 되는 어떤 일반원리를 추출하려는 시도를 포함한다.

　그러나 이 과제가 사실상 이제 막 시작되었다고 Hans는 1949년에 썼다. 연구의 첫 단계는 "각 나라의 역사적 배경 속에서 또 국민성과 문화의 발전과 밀접한 연결 속에서 각 나라의 국가제도를 분리해서 독립적으로 연구하는 것이다."24) 그는 이것을 역사－철학자들이 해야 할 일로 보았는데 많은 나라에서 여전히 수행되어야 할 것으로 보았다. 연구의 두 번째 단계는 현존 교육제도에 관한 자료를 수집하는 것이다. 이들 자료에는 교육행정과 조직에 관한 통계와 지능검사와 학업성취도 검사에 관한 통계가 포함되지만 같은 책에서 Hans는 이들 자료가 국제비교를 위한 굳건한 기초가 되기에는 부적절하게 개발되고 너무나 문제점이 많은 것으로 생각하였다. Kandel과 마찬가지로 Hans도 다음과 같이 주장하면서 다른 접근으로 눈을 돌렸다.

　　……국가헌법이나 국민문학과 마찬가지로 국가교육제도도 국민성이 외현적으로 표현된 것이며 다른 나라와 구별되는 특징을 가지고 국가를 나타낸 것이다. 만일 우리가 각각 다른 나라를 만드는 데 역사적으로 작용하였던 요인들을 구별해 내고 또 분석할 수 있다면 국가교육제도의 토대를 이룬 원리를 정의하기 위하여 우리는 머나먼 길을 걸어야 할 것이다.25)

　그러나 국민성의 개념과 역사적 접근을 사용하지만 Hans는 다른 국가교육제도를 만들어 내는 데 도움을 주고 또 계속해서 영향을 준 요인들을 확인하고, 분리해 내고, 분석하는 방법에 있어서 Kandel과

---

24) Hans, N., *Comparative Education*, Routledge and Kegan Paul, London, (reprinted) 1964. pp.7-8.
25) Hans, p.9.

다르다. Hans는 훨씬 더 발전된 비교연구의 개념체계를 제시해 주었는데 이것은 동시에 자료의 선택과 처리의 고질적 곤란성에 대한 그의 대답이 되었다.

Hans의 견해로 볼 때 국가(그리고 국민성)의 성장은 (1) 자연(natural), (2) 종교(religious), (3) 세속(secular)이라는 세 집단의 요인들의 영향을 받는다. 자연적 요인 중에는 인종(race), 국가언어(national language), 환경(environment)(경제적, 지리적)이 포함되고 종교에는 기독교, 이슬람교 힌두교와 불교, 유교, 신도와 같은 "동양종교"가 포함되며, 세속에는 인체주의, 사회주의, 국가주의가 있다. Hans의 책이 영어권 세계의 학생을 의식하여 썼기 때문에 그의 종교적 요인에 관한 논의는 기독교로 제한하고 특히 천주교, 영국 교회주의(Anglicanism), 청교도의 영향으로 제한하였다.

각각의 요인에 대한 설명을 다루는 장이 마련되어 있고 만일 각각의 요인이 지속적이고 중요한 영향을 미친다고 보는 그의 정당화가 수용할 만하다면 교육제도 간의 차에 대한 설명은 이 요인들의 상호 작용에 관한 연구를 통해서 찾을 수 있음을 알 수 있다. 물론 전체적 분석은 매우 어렵다. 그래서 Hans는 특별한 연구는 단일 국가에서 이루어져야 하고 한 교육체제 내의 단일 요인의 영향에 관하여 취해져야 한다는 것을 인정하였다. 사실상 여러 요인을 결합하여 보는 것은 분석을 위한 합리적 체계가 될 뿐더러 비교연구의 가치가 있는 문제영역을 제시해 준다. 그러므로 Kandel과 Hans의 연구는 많은 공통점을 가지고 있지만 Hans의 공헌은 Kandel의 방법의 번역본을 제공해 주는 것은 아니다. Hans의 특별한 공헌은 국가의 모습을 형성하고 그 국가의 교육제도의 모습을 형성한 내재적 요인과 영구적 요인을 대표한다고 믿는 요인들로 구성된 비교연구의 체계를 개발한 데 있다. 이러한 체계의 가치는 다루기 곤란할 정도의 많은 적절한 자료를 질서와 구조 안에

조직할 수 있게 해 준다는 데 있고, 또 체계를 적용하는 연구의 유용성에 있다. 그러나 그것은 마지막으로 하나의 강요된 구조라는 것을 기억하고, 또 다른 구조도 가능하고 유용하다는 것을 명심해야 한다. 당연히 특별한 개념체계를 옹호하는 사람들은 될 수 있는 한 적극적으로 자기들이 내세우는 개념체계를 정당화시키려 하지만 그 근거는 항상 논의의 대상으로 개방되어 있고 수정이나 거부를 받을 수 있도록 개방되어 있다. 만일 수단—목적의 문제(ends-means problem) 즉, 체계(framework)를 최종적인 것(목적)으로 받아들이려는 경향, 체계에 맞고 그에 따르는 정보만을 수집하려는 경향을 피하려고 한다면 우리는 개방적이어야 한다는 것을 기억할 필요가 있다.

Kandel과 **Hans**의 비교교육학에 대한 접근 논의에 특히 오늘날 이들의 접근 가능성을 고려할 때, 다음 두 가지를 후기로 첨가해야 할 것이다. 그 첫째는 비교연구에서 국민성의 위치에 관한 것이고, 둘째는 "역사적 접근"이라 불러온 것의 위치이다.

a. 비교교육학과 국민성의 개념

우리가 이미 살펴본 것처럼 **Kandel**과 **Hans**는 둘 다 그들의 저작에서 국민성을 많이 사용하고 매우 일반적인 용어로 국민성을 기술하였다. 예를 들면 **Kandel**은 "어떤 집단이든 그 집단의 역사, 전통, 환경, 아이디어, 지적 사고방식에 의하여 다른 집단과 다른 방식으로 행동할 가능성이 있다"[26]는 점에 주목하였다. **Hans**는 "여러 국가 집단들이 인종적 혼합, 언어적 적응, 종교운동, 일반적인 역사적 지리적 상황의 다양한 결과"[27] 때문에 각각 달리 행동하는 경향을 관찰하였다. 더 최근에는 **Mallinson**이 그의 책, *Introduction to the Study of Comparative Educ-*

---

26) Kandel, *Comparative Education*, p.23.
27) Hans, p.10.

ation(비교교육학연구입문)의 2개장을 국민성을 다루는 데 할애하면서 "관심의 공통적 정체성과 공통 목적이 수 세기를 거쳐 오는 동안 일종의 고정된 정신적 성격을 만들게 되었다"[28]고 말하였다.

만일 경험 때문에 차이가 존재한다면 이 차이를 이러한 일반적 용어로 설명하는 것과 이 차이를 정확하게 기술하거나 정의하는 것은 아주 다른 일이다. 사실 일반성의 수준으로 그리고 실제 적용에서는 경험적으로 타당한 정밀성이나 결론을 추구하기를 포기하는 주관성(subjectivity)과 개인적 선택성(personal selectivity)으로 국민성의 개념을 추적해 왔다. 그리고 이것이 역사가와 사회과학자들 중에 설명의 수단을 좋아하게 되는 이유이다.

오랜 동안 국민성은 두 가지 주요 방법으로 사용되었는데 첫째는 특징적인 국민적 특성으로 생각되는 것을 기술하는 것이고, 다음은 국가발전 또는 이 경우에는 교육정책과 실제를 설명하는 것이다. 이 둘 다 문제점을 가지고 있다. **Kandel**이 의식했던 것처럼 다른 나라나 민족을 칭찬하는 말이든 또는 경멸적인 말이든 간에 한마디로(in a label) 요약해서 말하는 경향이 짙다. **Kandel**은 독자들에게 이와 같이 회상시켰다.

> ……국민성과 같은 그러한 일반화를 적용하는 데 큰 위험이 따른다. 다른 국가집단을 한마디로 규정해버리는 일반화보다 국제이해의 발전에 더 편견적인 것은 없다. 그리고 이러한 한마디로 규정은 탐색의 여지도 없이 미숙한 마음으로 고정될 때 더 통탄스럽게 된다.[29]

완고하고 검소한(비열한?) 스코틀랜드인, 철저하고 능률적인(냉엄

---

28) Mallinson, V., *An Introduction to Comparative Education*, Heinemann, London, 1957. p.12.

29) Kandel, *Comparative Education*, p.23.

한?) 독일인, 진보적인(활동적인?) 미국인, 개인주의적인(규율 없는?) 호주인 등과 같은 국가에 대한 고정관념에 우리는 모두 익숙해져 있다. 理性을 가지고 합리적으로 생각해 볼 때 이러한 지나친 단순화와 여기에 함축된 실제적이고 있을 수 있는 편견은 쉽게 인정될 수가 있으며 또 너무 쉽게 다루어질 수도 있다. 그러나 국가적 고정관념은 계속 존재하고 한 집단이 다른 집단을 평가하는 중요한 한 부분이 될 수 있을 것이다. 개인적인 수준에서 볼 때 그러한 편견은 너무 깊이 뿌리 박혀 있어 너무나 불합리한 편견이나 의견의 한 부분이 되기 쉽다.

그러나 한마디로의 규정이나 고정관념이 일반적이라 할지라도 저널리스트와 인기 작가들이 특정 국가의 국민성을 기술하고 묘사하려는 시도는 끝이 없는 것같이 보인다. 인상에 의한 것이고 사적이기 때문에 이러한 한마디로의 표현은 진실된 경우도 있지만 불합리하게 과장될 수도 있고 낭만적으로 표현될 수도 있다. 예를 들면 1953년 오스트레일리아 작가협회(The Society of Australian Writers)가 오스트레일리아 여행에 앞서 *The Sunburnt Country*(햇볕에 그을린 나라)라는 수필집을 출판하였다. 여기서 한 기고자는 이렇게 썼다.

더 이상 개척자가 아닌 현대 오스트레일리아 여성은 과도하리만치 보이는 남성 기사들의 보호를 받고 있는 한은(개척 당시 여성에게 필요했던 것처럼) 非性的(non-sexual) 의미로 男性으로부터 同志意識을 받는 이점을 갖고 있다. 오스트레일리아 남성은 거친 말을 하지만 상대방 性의 말을 듣겠다고 맹세하지 않고 음탕한 말을 하지도 않는다. 남성들은 거칠고 개인적이지만 복잡한 버스 속에서 심지어는 여학생에게까지도 자리를 양보한다.[30]

---

[30] Bevan, I.(ed.), *The Sunburnt County*, Collins, London, 1953. p.136.

이 이상화된 묘사는 경멸적인 동시에 비현실적이기도 한 다른 사람들의 표현과도 조화를 이룬다. 그러나 "한마디로의 규정(one-word label)"과 마찬가지로 부적절한 것으로 밝혀지고 또 전망적 또는 거부적인 위치에 놓이기도 하지만 자·타를 이해하는 데 영향을 줄 수 있고 계속되는 행동에 영향을 줄 수 있다. **Russel Ward**는 이것을 *The Australian Legend*(오스트레일리아의 전설)의 첫 장에서 아주 잘 표현하고 있다.

> 국민성은 한번 지녔다고 해서 이어져 내려오는 그런 것은 아니다. 반면에 그렇다고 전적으로 시인과 출판인 다른 무기력한 몽상가들의 상상력으로 꾸며낸 이야기도 아니다. 이것은 오히려 국민들의 아이디어 그 자체이며, 이 고정관념은 흔히 낭만적이고 과장되었지만 두 가지 방법으로 항상 현실과 연결되어 있다. 이것은 주로 국민들의 과거 경험으로부터 나온다. 그리고 이것은 종종 사람들이 전형적으로 어떻게 행동해야 하느냐에 대한 사람들의 아이디어를 규정함으로써 현재의 사건을 변경시킨다.**31)**

분명히 이 국민성은 더 많은 국가 간의 이해를 자극하고자 하는 비교교육연구자와 국민성을 아주 조심스럽게 학문적 방법으로 사용하기 위하여 그들의 분야를 발전시키고자 하는 비교교육연구자들의 관심의 대상이 되었다.

이것은 특히 설명과 해석의 수단으로 이 개념이 사용되는 경우이다. 예를 들면 **Kandel**은 영국인이 어떤 특징적인 방법으로 행동하는 즉, 이론적이기보다는 실제적이고, 아이디어와 주장을 내세우는 면전에서 타협을 찾고, 정부의 지시보다 개인적 결정을 좋아하는 경향성을 알아봄

---

31) Ward, R., *The Australian Legend*, Oxford University Press, Melbourne, 1958. p.1.

으로써 영국교육의 발전을 설명하려고 하였다. 이것은 매우 그럴듯하게 들리지만 만일 이것을 중요한 설명의 근거로 삼고자 한다면 너무 단순한 접근이 아닌지에 대하여 물어봐야 할 많은 질문이 필요하다.32)

이런 많은 질문들 중에 첫째는 그 개념 자체에 관련된 것이다. 예를 들어 모든 오스트레일리아인 또는 일본인, 미국인들이 그들의 행동이 국가의 성격이기 전에 특별한 방법으로 행동해야 하는가? 아니면 50%나 60%가 그렇게 행동할 것인가? 어떤 점에서 그리고 어떤 기준에 의하여 얼마만큼의 비율의 특성을 국민성으로 생각할 것인가? 영국에서 말하자면 Devon이나 Yorkshire, London에서 왔을 때 지역 말씨와 언어에 익숙하게 됨으로써 쉽게 사람들을 구별할 수 있을 것이다. 그렇다면 지역특성과 국민성 또는 국민성과 사회계층의 특성 사이의 관계성은 무엇인가? 어떤 우세한 공통 요소가 Liverpool 노동자의 Tunbridge Wells에서 온 퇴역신사로 하여금 영국 국민성을 공유하도록 만드는가? 바꾸어 말하면 무엇이 정말 국민성을 결정하는 근거가 되며, 어떻게 국민성이란 개념을 정확하고, 의미 있으며 유용하게 할 것인가?

국민성은 시간의 흐름에 따라 변하는가? 만일 국민성이 변하고 또 국민성을 만들어 낸다고 생각되는 요인들의 일시적 성격을 고려하는 것이 합당하게 생각된다면 변화가 일어나는 것을 어떻게 발견하려고 하는가? 그런데 이상하게도 1900년에 Sadler가, 1930년대에 Kandel이, 1950년대에 Mallinson이 기술한 영국 국민의 국민성은 거의 동일하다. 그렇다면 지난 60년 동안 영국의 사회적 경제적 조건상의 많은 변화가 영국의 국민성을 변화시키지 않았다는 말인가? 예를 들어 그 기간 동안 영국의 대중 교육제도의 성장과 운영이 영국 사람들에

---

32) Lauwerys, J. A., The Philosophical Approach to Comparative Education, *International Review of Education*, 1959. pp.281-296.

게 영향을 주지 않았다는 말인가?

오스트레일리아 사람들은 개인주의적이고, 평등주의자며, 비공식적이고 스포츠를 좋아하고, 폭음자들이고, 비종교적이며, 배우자에게는 충성스럽고, 반권위주의자라는 말을 듣는다. 만일 이러한 특성을 오스트레일리아 국민성의 한 단면으로 동의할 수 있다면(그리고 어떤 사람들이 오스트레일리아인은 동조적이고, 지위의식적이고 권위주의자라고 말하는 게 이성적이라고 주장한다면) 어떤 특성이 다른 특성보다 더 지배적이고 왜 그런지 알기는 매우 어렵다.

두 번째 질문은 국민성이란 개념이 사용되는 방법과 관련된다. 가령 영국의 교육사를 영국민의 계획을 싫어하는 성격이나 타협의 경향성 또는 "얼렁뚱땅식(muddle through)" 경향성이란 측면에서 설명하려는 것은 합당한가? Kazamias와 Massialas가 제안한 것처럼 여러 가지 발전은 "계급의식적이고, 귀족주의이고, 자발적인 사회적 특성"[33] 경향에 의하여 나온 산물이라고 주장하는 것은 정말 가능한 이야기인가? 이것은 국민성이 너무나 일반적이고 주관적 근거에 의한 개념이어서 역사의 원인에 대한 논의의 근거로서는 미약하다. 물론 이것은 궁극적으로 순환적이다. 다시 말해 영국 역사와 전통, 지적 사고방식 등은 영국민성을 만들어 내고 그것은 또한 영국 역사와 전통, 지적 사고방식 등을 설명해 준다.

마지막으로 세 번째 질문은 이들 반대가 진지한 연구의 도구로 국민성을 사용할 수 있느냐 없느냐의 문제이다. Joseph Lauwerys는 이 국민성이라는 개념이 발견적 가치를 가지고 있다고 덧붙이기는 하지만 이들 반대가 국민성을 파괴한다고 생각하는 것 같다. 반면에 Andreas Kazamias는 반대가 아닌 보다 체계적 정의를 위한 시도를 주장하고 있다. 이러한 시도는 아마 사회학자의 사회화(socialization)라는 개념과

---

33) Kazamias and Massialas, p.10.

문화인류학자의 문화화(enculturation)라는 개념과 일치하는데 이 둘은
다 초심자들이 집단의 성원이 되고 하위문화나 전체문화의 성원이 되는
과정과 관련된다. 1959년 **Kandel**은 국민성을 그가 생각하기로는 "차이
없는 구별"**34)**에 불과한 문화양식, 규범적 표준, 가치체제라는 말로 대
치시키려는 경향을 보고 한탄하였다. 그러나 이러한 반응에도 불구하고
차이는 직관적이고 인상에 의한 접근과 집단생활과 그 영향의 관찰과
분석에 필요한 보다 과학적으로 기초를 다진 절차를 개발하려고 시도하
는 접근 사이에는 차이가 존재한다. 국가적 문화적 차이에 관한 연구,
이 차이의 기원과 교육제도에 미친 그것의 영향에 관한 연구는 아직 적
절하지만 국민성에 관한 낡은 의미는 그 전성기를 가진 것 같다.

b. 비교교육학의 역사적 접근

특히 지난 15~20년 동안 교육연구에 사회학, 경제학, 정치학, 문
화인류학과 같은 사회과학의 개념과 연구방법을 적용하려는 것은 비
교교육학의 전통적 접근법에 많은 영향을 주었다. 하나의 중요한 영
향은 강조점이 교육제도의 기술과 선행원인의 분석으로부터 정책결정
의 근거와 미래예측의 근거로서 경험연구에서 나오는 반복적 형태의
탐구로 옮겨진 것이다.

사실상 사회과학과 점증되는 전문화의 영향은 상당한 것이어서 비
교교육학의 "역사적 방법(historical method)"으로 특징지워진 과거의
접근법을 사라지게 할 만큼 그 경향성은 크게 성장해 왔다. 예를 들
면 현재의 교육제도나 문제를 낳도록 과거에 상호 결합된 여러 요인
에 대한 이해는 문제의 해결보다 덜 중요하고 한 교육제도의 역동성
의 이해, 그리고 다른 사회제도와 교육제도와의 관계성에 기초를 둔

---

34) Kandel, The Methodology of Comparative Education, p.277.

장기계획과 전략의 개발보다 덜 중요하다. 과거를 되돌아보면 역사적 연구가 잘못된 방향을 지향했다고 주장할 수도 있다.

　그러나 대개의 경우처럼 반응은 너무나 단면만을 보는 경향이 있다. 문제해결, 정책지향, 일반화 산출을 강조하는 사회과학의 기여를 위한 하나의 사례를 만드는 데 있어서 옛날의 역사적 방법을 보완하는 게 아니라 대체할 만한 어떤 방법이 필요한 것처럼 보였다. **Kandel**과 **Hans**는 둘 다 방법은 목적에 따라 다르다고 쓰고, 또 여러분이 알고자 하는 질문이 대답을 발전하고자 하는 방법을 결정하는 데 도움을 준다고 썼지만 비교교육학의 역사적 방법을 비판하는 중에 정말로 암시를 주는 것은 단지 몇 개의 질문만이 질문할 만한 가치가 있다는 것이다. 우리가 사회과학적 방법의 적용을 필요로 하는 질문들에 많은 강조를 두어야 할 필요를 받아들인다 할지라도 우리는 어떤 다른 질문들이 가치 없다고 제시하거나 인간탐구의 다른 영역이 비교교육학에 별로 기여하지 못했다고 제시할 만큼 무분별한 것은 아니다. 비교교육학을 보다 정확하게 정의하려는 이해할 만한 관심에도 불구하고 엄격한 경계선을 긋는 것은 불행하고 제한된 효과가 있다. 그리고 물론 사람들마다 경계선을 달리 긋는다. 어떤 사람은 시간을 통해서 교육제도의 발전에 관한 연구의 기여를 포함하고, 또 관찰할 수 있는 유사성과 차이점을 만드는 요인과 세력의 분석의 기여를 포함한다. 다른 사람들은 이러한 기여에 의문을 제기하거나 우선순위를 낮게 매긴다. 그러나 최소한 역사적 연구는 어떤 통찰을 제공해 주거나 현재나 과거의 배경 속에서 검증해야 할 가설을 암시해 주고, 또 현재에 형성된 가설을 검증하기 위한 부가적 증거를 제공해 주며, 현재 상황에 대한 관찰과 해석을 보완해 준다.35) 그러나 이것은 가설검증, 이론형성, 예측의 보다 중요한 과정에서 사용될 과

---

35) Kazamias and Massialas, p.6.

거로부터 나온 자료를 역사라고 간주하는 사회과학자의 체계 내에서 주로 주장되는 것이다. 그러한 주장은 미래지향적이다.[36] 이와 일치하여 사회과학자는 다양한 과거 자체를 연구하는 데 관심을 두기 보다는 과거의 다양성 내에서 규칙성을 확인하는 데 더 관심을 두는 것 같다. 사회과학자는 또한 분석과 예측을 위하여 사용할 모델을 만들어 내기 위하여 과거를 지나치게 단순화시키려고 한다. 반면에 역사가들은 과거 사건과 관계성에서 다양성과 독특성의 양자를 계속해서 더 의식하려고 한다. 분명히 사회과학자와 역사가는 각자 과거를 매우 다르게 접근한다.

그렇지만 역사 속에서 미래를 내다보는 일반화의 여지가 거의 없다거나 전연 없다고 분류적으로 말하는 것은 이 문제에 대한 역사가들의 논쟁을 제대로 이해하지 못하는 것이다. 사실상 역사가들은 그들의 연구방법에 대한 옛날의 정의를 요지부동으로 고수하려는 것이 아니라 사회과학의 출현이 한 부분이 되는 변화하는 상황에 반응적이다. 마찬가지로 사회과학자는 말하자면 최근에 질적 연구(qualitative studies)와 인본적 연구(humanistic studies)를 위하여 더 많은 여지가 발견되고 있는 역동적이고 다른 분야에서 활동하고 있다.[37] 동화(accommodation)와 적응(adjustment)의 과정이 일어나고 있는 상황에서 또 다른 사상의 학파가 양 진영에 존재하는 상황에서 사건의 정적 상태를 가정하는 "역사"나 "사회과학" 양자에 관하여 한마디로의 국민성의 표현(labels)이나 고정관념의 관점에서 연구하는 것은 불행한 일이다. 역사가의 방법은 전적으로 주관적이고 엄격성이 부족하다고 암시하는 것은 어리석은 일이며 마찬가지로 사회과학자의 방법은 언제나 객관적이고 훌륭하게도

---

36) Wright Mills, C., *The Sociological Imagination*, Oxford University Press, London, 1959.

37) Glass, J. F. and Statude, J. R., *Humanistic Society, Today's Challenge to Sociology*, Goodyear, California, 1972.

엄격성이 보장된다고 시사하는 것도 잘못된 것이다.

사실상 현재의 혼란에서 벗어날 수 있는 길은 교육연구에 적절한 여러 학문의 보완적 역할을 점점 더 의식하는 것이다. 문제는 특별한 한 접근이 가장 잘 받아들여질 가능성이 있느냐가 아니라 어떤 특별한 접근들이 특별한 질문이나 여러 질문의 집합에 가장 타당한 해답을 줄 것인가이다. 어떤 연구 질문들은 경제학자들이 가장 잘 해결할 것이고 어떤 것은 정치학자가 또 다른 것은 사회학자나 역사가 둘 중 단독으로 또는 둘의 협동으로 잘 처리될 수 있을 것이다.

이런 이유 때문에 역사적 배경의 이해는 많은 비교자료의 해석에 필요불가결하다는 Hans의 주장에 의견을 같이 하는데 그 이유는 현재의 문제나 이슈, 관계성이 대개 현재만의 원인에 의한 것이 아니고 제시되는 자료에 의하여 완전히 이해할 수 있는 것이기 때문이다. 제시되는 자료는 역사가들이 아마 가장 잘 설명하여 밝힐 수 있는 과거에 관한 것이다. 이런 식으로 하여 역사가는 다른 사람들의 일을 보완해 주거나 문제가 적절할 때는 역사가 자신이 비교연구를 실제로 수행할 수 있을 것이다. 그리고 이렇게 자신이 연구를 할 때는 Kandel과 Hans의 방법을 좀 변경하여 사용하는 것이 매우 도움이 된다는 것을 발견하게 될 것이다.

본질적인 것은 여러 학문 분야의 강점과 제한점을 인정하는 것이고 이들 학문 분야에 적절한 과제를 설정하는 것이다. 물론 이것도 비교교육학과 비교교육학에 기여하는 많은 학문 분야와의 관계성과 관련하여 그래서 결국 비교교육학 자체의 성격과 관련하여 가장 중요한 여러 문제를 야기한다. 우리는 여러 방법론자들이 이 문제에 어떻게 해답을 해 주는지 발견할 수 있어야 하고 그래서 우리는 이 책의 결론을 맺는 절에서 다시 이 문제를 제기하고자 한다.

B. 다학문적 접근 탐구: G. Z. F. Bereday

여러 해 동안 비교교육학에 생생하게 그리고 뛰어나게 기여하고 있는 George Bereday는 현재 미국 Columbia 대학교 사범대학 국제 연구소 내 산업국가 교육 센터의 소장으로 있다. Bereday는 비교교육학회(Comparative Education Society)의 회장과 동시에 이 학회지의 편집부장이었고, *World Yearbook of Education*(세계교육연감)의 공동 편집부장이었고, 세계여행가이며 자문자이었으며 특히 미국과 소련의 교육에 관한 여러 출판물의 저자였다. 비교교육학에 대한 그의 접근의 분명한 표현은 그의 책 *Comparative Method in Education*(1964, 비교교육방법)과 이어서 나온 논문 "Reflections on Comparative Methodology in Education, 1964-1966(교육의 비교적 방법에 관한 반성)"38)에 나타나 있다.

이 분야에 집중적인 관심을 보이는 중에 또 비교교육학의 적절한 정의를 내리는 데 대하여 쓰면서 Bereday는 비교교육학은 하나의 어떤 특정 학문에 의하여 설명될 수 없고 비교교육학의 과거는 "교육의 지리적 배경을 설명하는 데 적용되는 인문과학의 사회과학에 대한 많은 관심을 유발하는 것"39)이라고 주장하였다. Bereday에게 있어서 비교교육학이란 당시의 교육사라든가 교육사회학의 한 분파, 또는 정치학의 한 분파일 뿐만 아니라 이 모든 분야와 그 이상을 모두 포함하는 것이었다. 비교교육학의 관심사는 여러 나라의 다양한 교육 실제로부터 추출될 수 있는 어떤 교훈을 탐색하는 데 있는 것이며 그리고 이러한 교훈은 관련되는 여러 가지 학문의 다양한 방법을 적용함으로써 보다 효

---

38) Bereday, G. Z. F., Reflections on Comparative Methodology in Education, 1964-1966, *Comparative Education*, iii, 3, 1967.

39) Bereday, G. Z. F., *Comparative Method in Education*, Holt, Rhinehart and Winston, New York, p.8.

과적으로 추출될 수 있다고 그는 주장하였다. 그러나 단지 특별한 모학문과 접촉이 부족하면 결과적으로 지적기준이 낮아질 것이라는 이유 때문에 비교교육의 방법에 관한 정의를 "다학문적(Cross-disciplinary)"으로 접근하는 것에는 약간의 우려를 표명했다. 그러므로 정치지리학, 비교정부론, 국제관계론이 아마 가장 알맞은 것으로 밝혀질 것이라고 시사하면서 마음 편안해 했다. 그렇지만 이것이 그 자신의 방법으로부터 가장 현저하게 나타나는 비교교육학의 다학문적 특성이다.

Bereday는 비교교육학의 일반적인 영역을 "한 나라나 지역에 관심을 갖는 지역연구(area studies)"와 "동시에 여러 나라나 지역에 관심을 갖는 비교연구(comparative studies)"로 나누는 것에서 시작하였다. 그런 다음에 각각의 영역을 하위 영역으로 세분화할 것을 시사했는데 지역연구는 (1) 記述(descriptive)의 단계와 (2) 설명 또는 해석의 단계(explanatory or interpretive phase)로 비교연구는 (3) 병치(juxtaposition) 단계와 (4) 比較(comparison)의 단계로 나눈다. 자연히 지역연구는 처음 두 단계 기술("순수한 교육 자료의 수집")과 설명("교육 자료를 해석하기 위해 다른 사회과학의 방법을 적용")으로 완료되지만 비교연구는 (1) 기술과 (2) 설명으로부터 시작하여 (3) 병치("비교의 기준을 설정할 목적으로 여러 나라로부터 수집한 자료의 예비적 대조"), 마지막으로 (4) 비교("국가라는 장벽을 넘어서 교육을 동시에 분석하는")로 옮겨 가는 4개의 완전한 단계를 차례로 밟는다.40)

Bereday는 지역연구와 비교연구의 두 가지를 위한 예비적 체계를 제시했는데 이 각각에 대하여 좀 더 자세히 살펴보기로 한다. 첫 번째 주의할 만한 특징은 그가 지역연구에 중점을 두었다는 점이다. 사실상 그는 "비교교육 학도는 문화지역의 교육제도에 관하여 철저히 친숙하

---

40) Bereday, *Comparative Method*, pp.9-10.

게 되고 나서 시작해야 한다.”**41)**고 아주 분명하게 쓰고 그리고 “지역연구는 정당할 뿐만 아니라 필요불가결한데 특히 비교연구가 뒤에 요구하게 될 학술적 도구와 자원을 많이 요구한다는 관점에서 볼 때 더욱 그렇다”**42)**고 주장한다.

최근에 교육문제에 대한 비교연구를 찬성하면서도 지역연구를 소홀히 하는 경향이 있는데 이것은 지역연구와 관련된 보다 일반적인 성과보다는 문제해결과 정책산출에 더 호소력이 있기 때문이다. 그러나 초심자들한테 문제연구부터 시작하라고 권고하는 비교학자는 별로 없다. 대부분의 비교학자들은 지역연구 앞에서 논의한 비교교육학의 목적의 대부분을 달성하는 데 도움을 주는 것으로 보고 또한 더 발전된 단계에서 그러한 목적과 그 이외의 목적을 달성시키는 데 도움을 주는 비교연구의 필수적 기초를 제공해 주는 것으로 본다. 자기의 기본지식과 이해가 부족한 나라에 있어서의 이슈나 문제에 대하여 비교연구를 시도해 본 사람이라면 누구든지 폭넓은 비교를 전개하기에는 자신의 능력이 부족하다는 것을 금방 알게 될 것이다.

그러나 우리가 앞으로 살펴보게 되겠지만 여기서 중요한 문제는 유용한 비교연구를 시작하기 전에 어느 정도 깊이의 지역연구가 필요하느냐이며 또는 적절한 지역연구 자체를 위해서는 필요조건이 무엇인가 하는 점이다. **Bereday**는 기초적인 세 가지 필요조건을 제시하고 있는데 (1) 연구하고 있는 지역의 언어에 관한 지식 (2) 그 지역에의 거주 (3) 문화적 개인적 편견의 통제이다. 이러한 세 가지 기반에 입각하여 첫 단계는 선정된 지역의 교육제도와 실제에 관하여 기술하는 것이다. 이것은 이 지역에 관한 광범한 독서와 빈틈없는 학교 방문 프로그램과의 결합을 통해서 이루어질 수 있는데 여기서 **Bereday**는 참조의 근원

---

41) Bereday, *Comparative Method*, p.10.
42) Bereday, *Comparative Method*, p.10.

(sources of reference)과 자료의 체계적 수집의 필요성에 관하여 도움이 되는 실제적인 충고를 하고 있다. 물론 그가 제시하는 방법에 입각하여 수집된 모든 자료가 모두다 교육적이거나 기술적일 가능성은 없지만 이 단계에서의 주된 강조점은 신뢰로운 정보를 수집하는 데 있다.

두 번째 과제는 학교에 관한 수집된 교육적 정보를 사회적 적절성에 비추어 완벽하게 평가해 보는 것이다.[43] 그는 이 말을 사회과학이든 아니면 다른 학문이든 간에 관련되는 모든 학문을 적용해서 그 자료를 보다 넓은 사회적 배경 속에서 자료를 검토하는 것이라고 말한다. 여기서의 목적은 기술된 현상을 가능한 한 완전하게 설명하거나 해석하는 것이다. 그래서 예를 들어 독자 여러분이 도시학교로 이주한 아동을 위한 교육적 조치에 관하여 연구한다면 여러분은 아마 어떤 조치, 말하자면 직원조직, 수용문제, 지원시설, 자원 등이 취해졌는지에 관한 자료를 수집하는 것에서부터 연구를 시작하여야 할 것이다. 그리고 또한 교사나 이주 집단이 밝혀낸 이 조치들의 문제점에 관한 자료와 이러한 문제를 극복하는 데 필요하다고 생각되는 행동에 관한 자료를 수집해야 할 것이다. 이렇게 하면 아마 여러분은 아주 협소한 교육적 차원이나 학교 차원의 이슈를 뛰어넘게 될 것이며 그리고 여러분이 Bereday의 해석단계로 넘어갈 때 여러분은 다른 분야의 연구가 무엇을 제공해 줄 수 있는지에 대하여 세심하고 체계적으로 눈을 돌리게 될 것이다. 인구학(demography)으로부터는 도시지역에서의 인구 구성과 인구의 경향성에 관한 정보를 얻을 수 있을 것이고 인류학(anthropology)로부터는 특정 이민 집단의 문화에 관한 연구와 문화섭취(acculturation)의 문제에 관한 연구를, 정치학으로부터는 이민에 대한 정부방침이나 이민 집단의 선거계력에 관한 연구, 역사학으로부터는 국가의 이주 프로그램의 발달사나 신이주민에 대한 태도

---

[43] Bereday, *Comparative Method*, p.21.

의 변화사에 관한 연구, 사회학으로부터는 이주 집단의 사회적 특성에 관한 연구와 현행 교육제도와 사회제도에 대한 이민 집단의 관계에 관한 연구를 할 수 있고, 경제학과 종교연구, 다른 연구로부터는 그 학문 분야 나름대로의 특별한 기여를 받아 올 수 있을 것이다.

그러한 접근은 Bereday가 "여러 학문의 종합(a rosette of different disciplines)"이라 부르는 방법을 통해서만 아주 바람직한 연구방법으로 증명되며 실제로 이것이 그의 연구방법에 대한 비판의 초점이 되었다. 그러나 Bereday는 학생은 "적어도 교육학 이외의 하나의 학문, 가능하다면 두 개 또는 세계의 학문 분야에서 실제적인 지식을 가져야 한다."**44)**고 타협적으로 제시하였다. 학생에 따라 학문의 능력(academic strengths)이 각각 다를 것이다. 모든 학생은 자기가 하는 연구에 다양한 방법을 동원할 수 있는 능력이 필요하다. 우리는 이제 지역연구로부터 병치단계에 의해 시작되는 비교연구의 단계로 넘어가는데 즉 통일된 개념과 가설을 탐색하기 위해 자료를 서열화하거나 분류하는 것이다. 각각의 독립적인 지역연구가 완성되었으므로 이제 비교를 위한 예비단계로써 각 나라의 자료를 서열화(order)하거나 결합(match)하기 시작한다. 여기서의 목적은 비교가 전적으로 가능한지를 알아보기 위한 것이며, 만일 그것이 가능하다면 어떤 基準에 의해서 비교할 것인가를 알고자 하는 것이다. 병치의 단계는 검증을 위한 한 개 이상의 가설을 진술함으로써 끝난다.

검증(testing)은 Bereday가 "병치로부터 추출된 가설을 증명하기 위하여 연구 중의 몇 나라 또는 모든 나라를 동시에 처치하는 것"**45)**으로 묘사한 비교의 마지막 단계에서 이루어진다. 그가 나중에 쓴 방법론에 관한 반성이라는 논문에서 Bereday는 (1) 균형(balanced)과 (2) 예증

---

44) Bereday, *Comparative Method*, p.20.
45) Bereday, *Comparative Method*, p.22.

(illustrative)이라는 비교의 두 형태를 확인해 냈다. 균형비교는 특정 연구 주체나 연구의 부분을 여러 나라별로 차례로 다루는 교대방식이나 또는 각 지역에서 나온 자료를 맞물리는 결합(fusion)방식으로 연구 중에 있는 지역들 사이를 왔다갔다 왕복하는 일을 포함한다. 이런 비교형태의 핵심은 비교하는 각 나라에서 균형 잡힌 또는 서로 비슷하게 대조되는 자료를 구하는 일이고, 서로 대조가 안 되는 자료를 억지로 비교하려는 데 흔히 위험이 따른다. 예증비교는 자료에 의하여 제시된 비교점을 설명하기 위하여 여러 다른 나라에서의 교육실천의 예들을 도출하는 일을 말한다. 이 방법을 통해서는 어떤 일반화도 불가능하고, 의심이 가는 예들을 피하는 동안 여러분의 초점을 설명해 주는 예들을 선택하는 위험이 항상 따르고 있다. 그러므로 균형된 비교가 좋지만 대조되는 또는 균형된 자료가 여러 나라에 충분치 못한 경우에는 예증비교가 제한되기는 했지만 아직 유용한 대안임에 틀림없다.

Bereday는 비교교육학의 궁극적 목표로써 세계적 관점에서 사회에 대한 교육의 영향을 전면적으로 분석하는 안목을 가졌지만 비교 연구에 대한 문제 접근법은 그가 심혈을 기울여 만든 4단계를 보다 일반적으로 표현한 것에 불과하다는 사실을 인정한다. 이것을 그는 "대표적 교육제도를 통해서 한 주제, 한 제목의 선택과 그 주제의 일관성과 변화성의 검토"**46**)라고 말한다. 단계의 형태로 볼 때 **Bereday**의 비교방법론은 다음과 같다.

(1) 주제나 이슈 또는 문제의 선정

(2) 선정된 국가에서 주제에 알맞은 교육적 자료의 수집과 대조

(3) 사회적 배경 속에서 자료의 이해에 적절한 학문 분야를 적용하여 자료를 해석

---

46) Bereday, *Comparative Method*, p.23.

(4) 비교를 위한 가능한 근거를 밝히기 위하여 해석된 자료의 병치

(5) 가설의 설정

(6) 해석된 자료의 비교분석을 통한 가설의 검증

(7) 결론의 도출.

그림으로 표현된 **Bereday**의 지역연구와 비교연구 양자를 위한 모델은 다음과 같다.

지역연구	1단계: 기술	교육적 자료의 기술	A국가 B국가
	2단계: 해석	적절한 학문분야의 적용을 통한 교육적 자료의 설명	경제학 인류학 경제학 인류학 교육적자료 교육적자료 정치학 사회학 역사학 정치학 사회학 역사학
비교연구	3단계: 병치	자료의 대조 비교기준의 설정 가설의 작성	1 ↔ 1 2 ↔ 2 3 ↔ 3 4 ↔ 4 비교의 기준가설
	4단계: 비교	가설을 검증하기 위하여 동시비교(문화 또는 결합)	

이미 암시된 것처럼 Bereday의 방법은 실제 많은 문제를 갖고 있다. 예를 들면 비록 정확한 자료를 수집하고 단순한 기술의 단계를 넘어 설명으로 진행해 나가야 할 필요성을 강조한다 할지라도 지역연구에서 기술과 해석의 단계를 분리하는 것은 대부분의 경우 비현실적이다. 그러나 2단계(해석)는 대개 두 가지 문제를 일으킨다. 그 하나는 학생들 그리고 성숙한 기성 연구자들조차도 학문의 어떤 수준에 있든지 이러한 요구를 결코 충족시킬 수 없으리라는 회의론이다. 제시된 것처럼 비록 어떤 연구자가 두 개 또는 세 개의 학문 분야에 대하여 실질적인 해박한 지식을 가지고 있다 할지라도 만일 가장 표면적인 지식의 포착이 받아들여지지 않는다면 그 연구자와 그 연구는 연구에 관련된다고 생각되는 다른 학문 분야에는 아직도 지식이 부족한 상태로 남아 있게 된다. 이에 대한 유일의 가능한 해결 방안이 있다면 그것은 종합학문적(interdisciplinary) 팀 티칭과 연구의 형태이다. 두 번째의 문제는 적절한 기준을 설정하는 문제점이다. 한 나라의 교육제도 내에서 하나의 특정 논제, 예를 들어 초등교사 교육이라는 논제로 연구하고 있다고 가정하면 논제 자체가 이용할 수 있는 자료의 범위에는 어느 정도 제한이 있기 마련인데 그렇다면 어떤 근거에 의하여 유용한 자료를 선정할 것인가? 우리가 정말로 모든 교육적이며 적절한 설명적 자료를 연구할 것을 제안하는 가운데 Bereday는 자료 선정의 문제, 범위의 문제, 처리능력(manageability)의 문제를 제기했으나 실제로 이를 해결하지는 못했다.

지역연구의 단계와 비교연구의 단계 사이의 관계성은 더 문제가 된다. 만일 지역연구에 대해 연구의 범위를 아주 넓게 요구하는 Bereday의 제안 비교연구에 필요한 기초로서 받아들여진다면 어떻게 유일한 삶을 사는 인간이 말하자면 3개 국가사회에서의 교육연구를 다 끝마칠 수 있고 또 다음 단계인 비교연구로 넘어 갈 시간적 정력적 여유를 가질 것이라 기대할 수 있겠느냐고 의문을 제기하는 것은 당연하다. 가령 우리가 오스트레일리아, 미국, 소련에서의 수학교수법을 비교하고자 한다면 그러한 논제를 연구해 나가기 전에 세 개의 독립된 지역연구를 끝마쳐야 할 필요가 있지 않겠는가? 방법에 대한 **Bereday** 자신의 논의를 보면 우리는 세 개의 독립된 지역연구를 해야 한다고 시사하는데 그 이유는 어떤 배경 속에서 수학교육이 실시되는지 이해할 수 있기 때문이지만 실제 그가 제시한 예를 보면 보다 적은 요구가 적절하다는 것을 시사한다. 사실상 우리는 각각 세 나라에서의 수학수업에 관한 자료를 수집함으로써 연구를 시작하여 "학문의 종합(rosette of discipline)"을 적용함으로써 그 자료를 해석해 나가고 그 다음엔 비교동등성을 설정하고 검증할 가설을 확인하기 위하여 병치의 과정을 시작한다. 이러한 절차는 수집되고 병치된 자료로부터 가설이 나온 것이지 가설을 자료에다 억지로 대입시키거나 처음부터 가설을 설정하였던 것은 아니라는 것을 확실히 해야 한다. 그러나 어떤 사람은 가설형성을 훨씬 일찍 하는 일이 가능하며 또 일찍 가설 설정하는 것이 연구를 정의하는 데 도움이 된다고 주장하면서 가설형성을 처음 세 단계가 끝날 때까지 기다릴 필요가 있느냐고 의문을 제기한다. "맨 먼저 비교를 위한 자료를 찾기 전에 연구의 일반적인 목적을 정의해야 한다는 것은 의심의 여지가 없다"[47]고 인정하면서 자기의 연구단계의 순서를 지켜야 한다고 **Bereday**는 주장하였다.

 이러한 비판 특히 그의 연구방법에 기초한 실증 연구에서 적절한 자료를 선택하는 기준의 결여와 자료의 관리능력의 어려움 또는 실용성(**practicability**)에 관한 비판에도 불구하고 **Bereday**의 공헌은 매우 의미가 있다. 그는 적극적인 지역연구의 중요성을 우리에게 깨우쳐 주었다.

---

47) Bereday, Reflections, p.171.

왜냐하면 지역연구는 비교교육학 분야를 정당화시키는 여러 목적을 달성하는 수단이고 비교연구를 위한 단계들을 제공해 주는 수단이 되기 때문이다. 지역연구를 하는 데 있어서 진공 속에서 교육제도를 연구하는 것을 Bereday는 배격해 왔고, 교육현상을 보다 완전히 해석하도록 도와주는 인간탐구의 다른 분야를 끌어들이려고 시도하였다. 어떻게 보면 이 방법은 Sadler와 Kandel, Hans의 길을 따른 것에 불과할지 모르지만 1960년대에 Bereday는 사회과학의 기여에 많은 비중을 두게 하였다. 뿐만 아니라 비교교육학은 유사점과 차이점에 관한 어떤 논평을 하는 일련의 지역연구가 아니라는 것을 Bereday는 인정하였다. 그러므로 그는 비교방법론을 고안하려고 시도하였는데 많은 사람에게 도움이 되는, 특히 교수목적에 도움이 되는 논리적으로 짜여진 절차를 제공해 주는 방법, 또 오랫동안 비교교육학을 지배해 온 Kandel과 Hans의 방법에 대한 뚜렷한 대안을 소개하는 방법론을 만들려고 시도하였다.

제6장
비교교육학의 연구방법 탐구 Ⅱ

제6장 비교교육학의 연구방법 탐구 Ⅱ

C. 교육개혁에의 문제해결적 접근, 과학적 방법: Brian Holmes

Brian Holmes는 London 대학교 교육대학(Institute of Education in the University of London)의 비교교육학 교수이고 현재 세계비교교육학회(World Council of Comparative Education Societies) 회장이다. Holmes는 *World Yearbook of Education*(세계교육연감)과 다른 출판물을 통하여 비교교육학 분야에 널리 기여해 왔지만 아마 그의 방법론에 관하여 가장 완전하게 진술한 그의 책, *Problems in Education: A Comparative Approach*(교육의 문제: 비교적 접근, 1965) 때문에 잘 알려졌을 것이다.

Holmes는 비교교육학에 관한 자신의 가정을 아주 외현적으로 밝히면서 책을 쓰기 시작하였다. 그에게 있어서 비교교육학은 교육의 개혁이나 계획적 발전의 수단인 동시에 지식과 이론의 발전을 지켜오는 탐구방법이다. 사실 Holmes는 직관력이나 예상력을 제공해 주는 교육과학은 비교연구를 통해서 발전할 수 있다고 믿고 이를 달성하기 위하여 그는 과학적이면서 유용하다고 믿는 문제해결적 접근(problem approach)을 선택하였다.1)

 "교육과학(science of education)"에 대한 언급과 나중엔 "예측(pred-ictions)"과 "법칙(laws)"이란 용어의 사용이 인문과학(humanities)에 뿌리를 두고 있는 분야에서는 논쟁의 여지가 있을 수 있다는 것을 인정하고 Holmes는 그가 주장한 과학적 방법(scientific method)의 특성을 설명하는 데 어려움을 가졌다. 예를 들어 그는 과학적 방법이 경직되거나 고정된 것이 아니고 계속적인 논쟁을 요구하는 것이라고 생각하고, 나아가 과학의 확실성이라는 낡은 관점과 과학적 법칙은 무조건적으로 타당하다거나 논란의 여지없이 진실이라는 생각으로부터 벗어나는 움직임이 있다고 그는 말하였다. 그 대신 과학법칙은 상당한 정도의 타당성을 가지고 미래 사건을 연역적으로 추론할 수 있고 그것이 진리이기보다는 그것의 유용성에 의해서 판단되는 일반적 진술이라는 후상대성(post-relativity)적 견해를 주장한다. 즉 과학적 법칙은 더 나은 가설과 예측과 행동을 위한 기초로서 충분히 유용한 것이다.2)

 뿐만 아니라 그는 일반적인 신념과는 대조적으로 자연과학이 "정확성과 절대성의 **El Dorado**(황금의 나라 보물산)"는 아니라는 것과 사회과학도 현재의 발전 단계에서는 지식, 기술, 그리고 이론의 간격이 존재할 수밖에 없다는 것에 주목하였다. 궁극적으로 도달하고자 하는 정확성의 수준에 접근하기는 어렵지만 과학적 방법의 장점, 즉 조사하고 비판할 수 있는 가시적 절차와 합리적 순서, 그리고 증거에 대한 요구 절차의 반복성과 결론의 재검증으로 표현되는 객관성에 대한 관심은 남아 있다.

 이어서 **Holmes**는 비교교육학을 교육의 계획적 발전과 개혁, 그리고 정책결정의 보조수단으로 보고 또 교육제도의 기능을 설명하는 데

---

1) Holmes, B., *Problems in Education, A Comparative Approach*, Routledge and Kegan Paul, London 1965. p.3.
2) Holmes, pp.29-32.

도움을 주는 기본원리나 형태, 법칙을 규명하는 수단으로 보고 있다.

Holmes는 그의 문제해결방법을 개발하면서 **John Dewey**가 그의 책 *How We Think*(사고방식, Heath, New York, 1933)에서 밝힌 반성적 사고(reflective thinking)의 분석에 눈을 돌렸는데 반성적 사고 과정은 다음과 같이 표현된다.

(1) 혼동, 당혹, 또는 문제

(2) 가설 또는 해결 방안 형성

(3) 문제에 대한 지성적 사고 또는 문제의 분석

(4) 내용의 분석과 명세화

(5) 결과의 논리적 연역

(6) 실제 검증

Holmes는 이에 대하여 이렇게 쓰고 있다.

(1) 곤란한 상황에 당면하여 (2) 가능한 해결 방안들이 즉시 머리에 떠오른다. (3) 한 발짝 더 나간 반성은 해결해야 할 문제점을 분명히 명확하게 하는 지성화(intellectualisation)의 과정을 포함한다. 이 단계는 일정한 종류의 자료, 즉 문제의 (4) 적절한 자료에 주의를 집중한다. 이것으로부터 하나씩 검증될 가설을 형성하게 되는 (5) 정선된 또는 새로운 가능한 해결 방안들이 나오게 된다. (6) 검증은 적절한 요인들의 배경 속에서 가설로부터 논리적 연역을 포함하고, 또 이어서(이상적으로는) 선정된 행동과정에서 나오는 관찰된 실제 사건과 예측된 사건을 비교하는 일이 포함된다. 예측된 사건과 관찰된 사건 사이의 (7) 일치는 가설을 검증해 주고 사건을 설명해 주며, 또 혼란스런 상황을 성공적으로 해결해 준다. 이것은 또한 더 나아가서 행동을 취하는 도약판을 만들어 준다. 두 형태의 사건(예측된 사건과 관찰된 사건) 사이의 불일치는 가설을 부정하

지만 모든 단계의 반성적 사고가 만족스럽게 완성되는 정도를 (8) 재검토하는 과정으로 넘어가야 한다.

일련의 단계로 표현된 절차는 다음과 같다.
(1) 문제(또는 곤란한 상황)
(2) 가능한 모든 해결 방안들
(3) 문제에 대한 반성(보다 명백한 문제형성을 위한 분석)
(4) 모든 적절한 자료를 다 고려하는 문제상황의 분석
(5) 새로운 또는 정선된 해결 방안들-가설로 표현된(또는 정책선 택으로 표현된)
(6) 가설의 검증-적절한 요인의 배경에 주어진 논리적 연역에 의하여, 다음엔 예측된 결과와 실제산출을 비교함으로써
(7) 결론
(8) 과정의 재검토(만일 필요하다면)

그러나 **Holmes**는 다음 네 주요측면을 강조하고 더 상세히 설명하였다.

1. 문제의 선정과 분석

독자 여러분이 예상할 수 있는 것처럼 문제의 선정은 흔히 연구자의 경험, 지식, 관심에 달려 있고, 또한 연구자 자신의 사회에서 중요한 것같이 보이는 이슈에 초점을 둘 수도 있고 또는 분명히 국제적 관심이 되는 이슈에 초점을 둘 수도 있다. 여기서 전제가 되는 것은 문제는 공통적인 것이거나 보편적인 것이어야 하고, 국경이나 문화적 경계를 넘어선 비교분석은 이런 문제를 명백히 밝혀줄 것이고 가능한 해결 방안들을 시사해 줄 것이라는 생각이다. 일단 문제가 선정되면 다음 단계는 가능한 한 분명하게 윤곽이 밝혀질 수 있도록 문제를 분

석(또는 지성화)하는 것이다. 이것이 이루어질 때 연구자는 다음 단계를 시작한다.

2. 정책제안이나 가능한 해결 방안의 형성

이것은 문제를 해결해 줄 수 있는 실현 가능한 정책 선정의 범위를 확인하는 것을 의미하며, 여기에서 연구자는 문제의 중심이 되는 것에 대하여 "참조국(reference countries)"에서의 실제를 살펴보게 된다.3)

3. 적절한 요인의 확인

여러 대안적 해결 방안들의 있을 수 있는 결과(outcomes)에 대하여 예측을 하기 전에 특수상황에서 시도되는 어떤 해결 방안에 영향을 줄 모든 적절한 요인이나 결정 요인을 확인하여 밝혀내는 일이 필요하다. 이것이 "통찰과 비판적 분석, 엄정한 기술을 요구하는 지극히 복잡한 작업"4)이라고 Holmes도 인정하였다. 요약하자면 예측을 하게 되는 상황의 명료화는 다음 세 가지 작업이 포함된다고 그는 말한다. (1) 최초의 조건이나 "상황적 결정요인"의 확인과 분석(identification and analysis of the initial conditions or contextual determinants), 즉 말하자면 교육제도, 그리고 교육제도와 관련되고 문제 상황을 형성하는 정치적, 경제적, 문화적, 사회적 제 요인에 대한 자세한 기술과 분석을 말한다. (2) 특별한 문제에 적절한 이들 결정요인의 선정(selection of those determinants relevant)하기. (3) 중요성이나 영향을 변화시킬 때 선정된 결정요인에 비중을 매기기(weighting of the selected determinants).

그러나 실제로 적절한 것으로 생각되는 모든 자료를 다 이해하기란

---

3) Holmes, p.33.
4) Holmes, p.41.

불가능하다. 선택은 해야만 하고 그렇기 때문에 선택의 근거에는 충분한 이유가 있고 명백해야 한다는 것은 중요하게 된다. 이것을 할 수 있도록 하기 위하여 Holmes는 연구자에 따라 달라지는 직관이나 판단에 의지하는 것과는 달리 연구를 어떤 순서나 명확한 이론적 근거에 의하여 진행되게 하는 분류체계나 방법을 제시하였다. 우리가 간략히 살펴보겠지만 이러한 체계는 **Karl Popper**의 책, *The Open Society and Its Enemies*(개방사회와 그 적들, 역주: 우리나라에도 번역판이 나왔음)**5)** 의 제1권에서 발전된 "비판적 이원론(critical dualism)"이라는 개념에서 유래한다. 간단히 말하면 해결 방안이 적용될 문제(problems)와 상황(content) 양자의 분석은 (1) <u>이념적 요인</u>(ideological factors)-규범, 태도, 가치의 형태, (2) <u>제도적 요인</u>(institutional factors)-상황 속의 조직과 실제로 대표되는, (3) <u>기타요인</u>(miscellaneous factors), 즉 인간이 통제할 수 없는 자연자원의 이용 가능성, 풍토, 지형과 같은 체계내에서 이루어져야 한다고 **Holmes**는 제안한다.

4. 예측: 과학과 계획적 개혁의 구성요소

기본적으로 이 단계는 "최적(best fit)"의 해결 방안, 즉 문제를 가장 효과적으로 해결할 것같이 예측되는 하나의 해결 방안이나 여러 방안들을 발견하기 위하여 위에서 분석된 상황에 따라 가능한 해결 방안들을 검증하는 단계이다. 물론 이것은 성공적인 또는 효과적인 해결 방안의 어떤 기준이 고안되어져 있음을 전제로 한다. 결국 어떤 한 특성 정책이 말하자면 고려해 온 다른 네 가능성보다 더 성공적일 것같이 생각되지만 아직도 문제의 효과적 해결을 위해서 필요한 것으로 정의되는 것이 부족하다고 느낀다.

---

5) Popper, K. R., *The Open Society and Its Enemies*, Routledge and Kegan Paul, London, 1946. vol.1.

요약하자면 Holmes는 문제해결방법은 역사적 분석에 기초를 둔 방법과는 달리 미래지향적(forward looking)이며 비교연구를 과학적으로 하는 실례가 되며 그렇기 때문에 교육계획과 개혁에 보다 유용하다는 이유로 문제해결방법을 주장한다.

그러나 문제해결 과정의 각 단계에서 적절하다고 생각되는 자료의 선택, 정리, 그리고 조작에 대하여 판단을 해야 하는데 Holmes는 이 판단을 적용 가능한 연구 체계를 제공해 주는 근거에 두고 하려고 하고 또 아주 가시적이거나 외현적이어서 도전과 토론을 받아들이도록 개방적인 근거에 의하여 판단하도록 고려하였다. Holmes는 이러한 체계를 Popper의 "비판적 이원론"이라는 개념에 그 기반을 두었다.

Popper는 인간의 환경에는 두 개의 다른 요소, 즉 (1) 자연적(natural) 요소와 (2) 사회적(social) 요소가 있다고 주장하고, 이것은 자연법칙과 규범적 법칙을 구별할 수 있는 근거라고 주장하였다. 전자는 물리적 질서 속에서의 관찰된 규칙성에 관한 일반적 진술들로 예를 들면 화학이나 물리학의 법칙이 전형적인 예가 된다. 그런데 후자는 사회적 질서 속에서의 기대된 행동이나 관계성의 관찰된 규칙성을 말하는 것으로 예를 들면 특정 사회에서 확인되는 터부(taboos), 규범, 가치, 신념과 공식적 법률이 대표적인 예가 된다. 자연법칙은 그것들이 허위이거나 논리적 일관성이 없는 것으로 증명되기 전까지는 기술된 상황에서 언제나 사실(facts)로써 적용되기 때문에 주어진 것(givens)으로 간주될 수 있지만 반면에 규범적 법칙은 행동의 기대를 말하는 것으로 문화에 따라 다르고, 개인이나 집단에 의해 결정될 문제이다.

그러나 Popper는 또한 자연법칙이 물리적 질서에만 제한되지 않는다고 주장한다. 왜냐하면 사회질서 속에도 사회학적 법칙이나 사회생활의 자연법칙으로 표현될 수 있는 규칙성이 있기 때문이다. 바꾸어 말하면 "인간 사회생활의 모든 규칙성이 다 규범적이며 인간에게 부과된 것(imposed)"6)이라는 주장을 부정하고 대신 물리적 환경에 적용되는 법칙과 비슷한 법칙으로 표현될 수 있는 사회의 규칙성이 있다고 주장한다.

이러한 법칙을 제정하는 것이 사회과학에 종사하는 사람들의 과제이다. 이러한 법칙들은 일단 제정되면 교육제도와 학교, 또는 상업기관, 정치기관, 종교기관 같은 사회기관의 운영을 설명하는 데 사용될 수 있고, 또 이들 기관들 사이나 그 기관들 내에서의 상호 작용의 있을 법한 결과를 예측하는 데 사용될 수 있다. 이것은 소위 교육의 과학적 연구를 구성하는 사회학적 법칙의 확인과 적용이며, 또 이들 법칙이 보다 견고하게 제정될 때 이러한 법칙은 계획과 개혁을 위한 건조한 근거를 제공해 줄 것이다.

동시에 사회학적 법칙은 사회적 문제를 분석하거나 해결하는 데 있어서 그 자체로서는 결코 충분할 수 없다. 사회적 상황 속에서 사회학적 법칙과 함께 비판적 이원론으로 존재한다. "사실(facts)"과 "결정(decisions)" 사이에, 또 주어진 것(givens)으로 생각되는 또는 "사회제도의 성격"으로 또는 변화할 것 같지 않은 요소들과 영향력이 있지만 변화와 결정의 대상이 되는 우세한 규범, 가치, 신념을 반영하는 요소들 사이에 비판적 관계성은 항상 존재한다.

만일 이런 이원론(dualism)이 인정된다면 이것은 문제의 분석과 문제의 가능한 해결 방안을 위한 유용한 개념체계를 제공해 준다. 이것은 사회기관의 성격이 되는 문제와 미래를 위하여 이성적 예측을 할 수 있는 문제의 이러한 부분들에 대하여 직접적 주의를 기울일 뿐만 아니라 우세한 규범을 반영하는 요소들을 확인하는 데 도움이 된다. 효과적이기 위해서는 문제에 대한 가능한 해결 방안들이 이원론의 양

---

6) Popper, p.67.

자를 다 설명할 수 있어야 한다.

Holmes는 문제해결적 접근법과 관련해서 사용할 수 있는 자기 자신의 分析모델을 "비판적 이원론(critical dualism)"에 근거하여 구성한다. 그러나 그의 모델은 세 요소로 구성되어 있다.—즉 (1) 규범과 규범적 법칙을 포함하는 규범적 형태(normative pattern), (2) 제도 그리고 제도와 관련된 사회학적 법칙을 포함하는 제도적 형태(institutional pattern), (3) 물리적 또는 물질적 형태(physical or material pattern)의 것이다. 비교교육학 연구는 전형적으로 국가들 간의 비교와 관련되기 때문에 문제와 해결 방안 양자의 성격을 결정하는 데 도움을 주는 국가의 자연자원, 지형, 인구적 특색과 관련된 자료로부터 구성될 필요가 있다고 Holmes는 주장한다. 예를 들어 오스트레일리아의 어떤 지역에서의 교육문제를 분석할 때 면적은 넓으나 건조한 지역에는 적은 인구가 분포되어 있음을 고려할 필요가 있다. Papua New Guinea에서의 산악지형이나 접근하기 곤란한 특정 지역의 분석도 어떤 교육문제나 이에 대한 가능한 해결 방안의 성격에 영향을 줄 것이다.

Holmes가 제안하는 것은 (1) 교육문제의 분석과 (2) 가능한 해결 방안의 예비적 확인과 (3) 문제가 발생하는 상황의 분석 그리고 최적의(fit) 해결 방안은 아주 복잡하고 관리 불가능할 가능성이 있다는 것이다. 문제가 다차원적이고 적절한 모든 자료를 다 고려할 수 없기 때문에 적절성에 관한 판단을 해야 할 것이고 그런고로 어떤 자료는 포함되고 어떤 다른 자료는 제외된다. 그러므로 여전히 선택적이고 부분적일지라도 명백하고 계속 논의가 가능한(open) 적절성의 기준을 정하는 것이 필요하다. 문제에 대한 효과적인 해결 방안을 예측하는 것이 목표이기 때문에 기준의 최종적 검증은 성공적인 해결 방안을 만들어 내는 데 도움이 되느냐 안 되느냐 하는 것이다.

그러나 한 가지 문제는 분석을 위한 광범한 체계를 제공하는 것이고 또 다른 한 가지 문제는 그것이 포함하는 제도적 형태와 규범적 형태, 물리적 형태를 실제로 구성하는 것이다. ─왜냐하면 각각에 다른 자료와 방법이 요구되기 때문이다. 사실상 비교연구는 문제해결의 각 단계에서 경제학자, 정치학자, 사회학자, 철학자, 비교교육학자의 협동을 포함하는 성격상 다학문적일 필요가 있다고 **Holmes**는 결론을 내렸다.

즉, 학자들의 구성은 문제가 무엇이냐에 따라 달라진다는 것이다. 각 분야의 학자는 상황을 염두에 두고 자신의 학문을 가져오지만 비교학자의 특별한 역할은 교육제도와 아이디어의 차를 간과해서는 안 된다는 것을 보장하고, 교육 용어와 환경적 변인과 성공의 기준이 명확하게 또 비교를 촉진하는 방법으로 진술된다는 것을 보장해 줘야 한다.

형태의 확립

1. 제도적 형태

여기서의 과제는 문제가 생기고, 어떤 해결 방안이 아마 적절하게 맞아야 할 제도적 체계를 기술하고 설명하는 일이다. 어떻게 과제를 달성하느냐 하는 것은 적어도 부분적으로는 연구하고 있는 적어도 성격에 의하여 결정된다. 예를 들어 우리가 교육제도 전반에 대해 중요한 문제에 관심을 갖는다면 우리는 아마 교육제도의 구조를 기술하고, 그리고 이것을 상호 작용하는 정치적, 경제적, 사회적, 아니면 또 다른 체제(system)나 제도(institution)에 의하여 해석하기 시작해야 할 것이다. 예를 들면 오스트레일리아의 어떤 주에서 중등학교 졸업

자격 시험의 형식(그리고 그 존재 자체에)에 불만족이 널리 퍼져 있었다. 역사적으로 대학입학허가시험(**matriculation examination**)은 학생을 대학에 입학하도록 선발하기 위하여 계획되었는데 이제 불행한 결과를 가져오고 있다고 한다. 예를 들어 고등학교과정의 마지막에 달리 자격이 인정될 때만 오직 낮은 비율의 학생만이 실제 대학에 진학하기를 희망한다는 사실에도 불구하고 마지막 2년의 학교생활을 지배하고 나머지에 영향을 준다는 말이 있다. 의무교육의 단계를 넘어서 학교에 남아 있는 연수가 점점 길어지면서 교사들은 각각 다른 관심과 능력을 가지고 있는 학생들을 위한 경험과 광범한 연구 범위를 제공하기 위하여 자유를 요구하고 있다. 어떤 형식의 자격증이 계속 요구되고 있는 한에서는 다른 판정이나 자질을 받을 수 있는 다양한 길을 교사들은 주장하고 있다.

이 문제(더 분석되어야 할)에 대한 해결 방안을 고려하면서 우리는 그 문제의 배경을 분석할 필요가 있고 또 만일 우리가 Holmes의 방법을 사용한다면 그 구성요소인 제도적 형태와 규범형태, 물리적 형태를 확립함으로써 앞으로 나아갈 필요가 있다. 이 중 첫 번째 것을 구성하는 데 우리는 일반적인 교육체제 속에서 입시제도와 그 위치를 기술하면서 출발하여야 할 것이다. 그러나 우리는 이 입시제도가 학교 외부와 고등교육기관과 연결되어 있다는 것을 인정할 필요가 있다. 예를 들어 수년 동안 이것이 상업조직과 공공(정부) 공무원의 채용과 승진을 위한 중요한 수단이 되었다. 그러므로 이 입시문제는 추적되어야 할 경제제도와도 중요한 연결을 이루고 있는데 그 이유는 입시제도상의 어떤 변화는 확실히 경제제도에도 영향을 주기 때문이다. 그리고 물론 다른 연결도 있음에 틀림없다.

반면에 만일 연구하고 있는 문제가 학교수준의 문제라면 제도적 형태는 아마 다른 방법으로 구성되어야 할 것이다. 예를 들어 만일 한 교장이 자기 학교에서 잘 확립된 일상적인 일 또는 교수형태를 바꾸고자 한다면 자기가 제안하는 혁신이 뿌리를 내려야 할 배경분석을 잘 하여야 할 것이다. 기관형태를 구축하는 데 있어서 교장은 학교 내외의 공식적 조직배치와 제약—예를 들면 교육 당국자와 교사단체 등—을 기술해야 할 것이다. 그리고 다른 상황에서 지방, 지역, 국가 수준에서 제도들의 연결을 확인하는 것 또는 행정, 재정, 조직형태와 같은 기준에 의하여 학교를 분류하는 것이 적절할 것이다. 이런 방법으로 우리는 확실히 정체적이 아니고 상황 속에서 진행되고 있는 안정된 요소를 대표하는 기관들 사이의 공식적 관계성의 형태를 확립하려고 시도해야 할 것이다. 만일 현존 관계성이 쉽게 변화할 것같이 보이지 않는다면 여러 문제에 대한 어떤 해결 방안들이 기술된 제도적 형태에 맞아야 할 것이라고 가정된다.

2. 규범적 형태

Holmes는 이에 관하여 두 개의 접근, 즉—(1) 사회과학에서 개발된 현장연구(field study), 조사(survey), 그리고 여타 기법(other techniques)을 통한 <u>경험적</u>(empirical) 접근과 (2) 합리적(rational) 구성 개념(construct)이나 형태를 만들어 내기 위해 설계된 철학적 기법과 근원을 통한 접근을 제시하였다. 후자의 접근이 규범의 일반적 진술을 제공해 주고 보다 더 구체적 연구로 나아갈 수 있도록 해 주는 단순화되고 실제적인(workable) 근거를 제공해 주기 때문에 Holmes는 여기에 더 많은 주의를 집중한다. 독자 여러분은 아마 하나의 특정 사회에서의 대표적 사상가의 작품으로부터 출발하여 그의 저술을 통해 그 사회의 규범적 형태, 말하자면 사람들의 성격, 사회의 성격, 지식의 성격을 발전시킬 수 있다고 Holmes는 말한다. 문제(hick)는 적절한 대표적 사상가를 확인해 내는 것인데-아마 여러분은 소련에서는 **Marx**와 **Lenin**을, 중공에서는 모택동을 대표적 사상가라고 쉽게 동의하겠지만 여러 나라에서 대표자 선정기준을 정하기란 매우 어려울 것이다. 자신의 저서에서 **Holmes**는 영국에서는 **Lock**, 프랑스에서는 **Descartes**, 서독에서는 **Hegel**, 미국에서는 **Dewey**를 대표적 사상가로 인용하였다.

　Holmes는 또한 두 번째 접근인 합리적 구성개념의 형성은 하위가치와 상위가치 사이의 **Myrdal**의 구별을 사용할 수 있다고 **Holmes**는 제의하였는데 하위가치는 한 사람의 개인생활-정치, 교육, 종교, 직업-과 직접적으로 관련되는 규범들에 해당되고, 후자인 상위가치는 하위가치로 구성되지 않는 보다 더 일반적 적용의 규범에 해당된다.7) 또 하나의 유용한 구별은 교훈(precept)과 실제(practice) 사이의 差를 가리키는 이상적(ideal) 구성개념과 실제적(actual) 구성개념 사이의 구별이다. 이상적 형태(ideal types)의 근원은 발견하기 어렵지 않다.-예를 들면 세계의 대종교는 유용한 출발점이라고 **Holmes**는 시사한다. 실제적 형태(actual types)는 이상적 형태를 수정시킨 것을 말하는 것으로 물론 시간과 장소에 따라 다르다.

　규범적 형태의 구성은 분명히 복잡하고 궁극적으로 독단적인 일이지만 상당히 많은 내용을 설명해야 하는 어려운 일에 질서를 가져오려는 하나의 시도라고 **Holmes**는 말한다. 결정된 형태는 모든 것을 포괄하는 것이라든가 생각해 낼 수 있는 최선의 유일한 것으로 여기지 않고 더 분석해 나가는 중에 그 유용성이 판단된다. 예를 들어 중등교육의 마지막에 평가나 자격증의 문제를 해결해 줄 수 있는 어떤 변화를 논하는 데 있어서 중요한 것은 이상적이고 실제적인 가치와 신념이 상황을 정의하는 데 도움이 되는 방법을 적절히 하는 것이다.

---

7) Myrdal, G., *The American Dilemma*, Harper and Row, Revised edn, 1962.

Holmes가 도전하는 문제는 적절한 규범적 형태를 어떻게 설정하느냐이다. 그러나 많은 사람들은 Holmes의 관심을 끈 합리적 구성개념을 시도하기보다 차라리 경험적 노선(앞의 첫 번째 접근)을 따라 나아지는 것이 더 만족스럽다는 것을 알게 된다.

3. 물리적 형태

앞에서 제시된 것처럼 물리적 형태를 교육문제를 설명하고 나아가 교육문제를 해결하는 데 도움이 되는, 그것들(물리적 형태)과 관계가 있는 앞의 두 형태 이외의 요인들로부터 나온다.

요약하자면 교육제도를 전체 문화적 배경 속에서 완전히 기술하기는 불가능하다는 점을 Holmes는 지적하고 그러므로 단일 국가에서의 교육연구나 비교연구를 진행시킬 수 있는 타당하고 유용한 체계를 제공해 줄 필요성을 지적하였다. 그는 일반적인 문제해결의 전략 속에서 "비판적 이원론"을 적용하는 것은 자료의 선정과 분류의 기준과 분석의 민감한 근거를 제공해 주기 위함이라고 주장한다. 물론 궁극적으로 볼 때 방법의 유용성 검증은 그러한 방법을 적용함으로써 나온 해결 방안이 실제로 문제를 해결하는 정도에 달려 있다.

Holmes가 비교교육학을 위한 완전한 개념체계를 제시하였지만 그는 이것 역시 부분적으로만 적용될 수 있다는 데 주의하였다. 여러 나라의 제도적 형태나 규범적 형태에 관한 비교연구, 예를 들면 교육에서 교회와 주와의 제도적 관계성이나 특별한 교육제도의 목적과 지배적 정치이론 사이의 관계성 같은 비교연구를 수행할 수가 있다. 두 가지 형태를 다 포함하는 연구 또한 가능하다. —예를 들면 물리적 형태와 특정 교육제도의 발전과의 관계성에 관한 연구이다.

많은 비교교육학 학도들은 Holmes의 방법에 관한 발표를 이해하기 어렵다는 것을 알게 된다. 그들은 문제해결접근에 대하여는 언제나 긍정적 반응을 보이지만 "비판적 이원론"의 적용에는 어려움을 갖는다. 하나의 어려움은 반드시 현실과 밀착된 개념체계라기보다는 그 유용성으로서 체계가 받아들여지는 것이다. 교육제도나 체제를 상황 속에서 완전하게 기술하기는 불가능하다는 명제는 받아들여지지만 어떤 경우든 자료에 근거해 임의적인 체계를 세우는 것은 어쩔 수 없이 선택을 명백하게 해야 하고 자료를 이용 가능케 할 목적에서 일지라도 받아들여지지 않는다. 또 하나의 어려움은 학생들이 특히 규범적 형태를 구성하는 데서 갖는 곤란이다. 규범적 형태와 제도적 형태의 양 형태에서 학생들을 당황하게 만드는 일반성의 수준을 체계가 허용한다고 학생들이 불평하고, 또 객관성에 대한 방법의 요구를 상하게 하는 개인적 선택과 판단을 체계가 아직 필요로 한다고 불평할지라도 규범적 형태 구성에 학생들이 곤란을 갖는다. 이와 관련하여 Holmes에 대하여 너무나 많은 기대를 하는 것 같다. 왜냐하면 어떤 단계에서도 Holmes는 연구자가 간단히 적용할 수 있는 완전하거나 최종적인 절차로서 자기의 방법을 제시하지 않았기 때문이다. 오히려 그는 특정 문제를 해결할 수 있는 정책대안을 제공한다는 의미에서, 그리고 보다 일반적으로 적용할 수 있는 지식과 이론을 개발한다는 의미에서 계획적 교육개혁에 기여하는 하나의 접근을 탐색하고 있다. 이것이 그로 하여금 문제해결적 접근을 하게 만들고 그 속에서 비교학자가 결코 피할 수 없는 많은 이슈를 다루게 하였다. 두 가지 이런 이슈는 적절할 가능성이 있는 자료의 정렬로부터 선택기준을 개발하는 것과 타당하고 효과적인 결론을 얻기 위하여 선정된 자료를 관리하는 것이다. 몇 가지 점에서 이들 문제는 다루기 힘들지만 Holmes는 연구자 개인의 권위나 직관에 주로 의존하기보다는 오히려 연구 진행의 합리적이고 가시적인 근거를 제공해 주는 체계를 탐색한다. 그는 "비판적 이원론"의 수정에서 하나의 대답을 발견한다.

불행하게도 그의 책 나머지 부분에 포함된 논문에서는 완벽한 자기 방법의 분명한 예를 제시하지 않아서 학생들이 그의 방법을 적용하는 데 곤란을 겪게 된다. 그러나 교육과 특정 정치적 경제적 문제의 관계성의 분석을 제공하는 속에서 그는 부분적으로 그의 접근을 보여주었고, 그러한 접근의 가치는 모든 경우에 그러한 접근을 완전하게 적용할 수 있는 것처럼 전반적으로 개념화되어 있고 논리적이라는 데 있다. 그가 제시한 4개국 사례연구에서 (1) 교사교육과 교육의 전문화(미국), (2) 만인을 위한 중등교육(영국), (3) 교양교육과 직업훈련(소련), (4) 개인의 자유와 사회적 책임(일본), —그는 자기방법 중 지역연구의 중요성을 밝혀주는 단서를 제공해 주었다. 예를 들면 그는 우리가 Bereday의 접근에서 중심적인 것으로 기술한 더 일반적인 지역연구에는 관심을 갖지 않고, 특정 문제의 사례연구에 관심을 두었다는 것은 분명하다. 문제해결 접근을 통한 비교교육학의 전반적 개념은 남아 있고, 또 한 문화 상황에서 문제에 대한 특정 연구를 위한 위치가 있다. 이것은 아마 초심자를 위한 더 인간적인 지역연구를 포함하지 않는 것은 아니라고 말할 수 있을 것이며 실제로 Holmes는 지역연구에 적극적으로 참여하였다. 우리는 아마 Holmes가 비교방법론을 탐색하고 있는 것이지 대학 코스, 특히 이 분야의 초심자를 위한 교수 전략을 제시하고 있는 것이 아니라는 사실을 다시 한번 더 기억할 필요가 있을 것이다. Holmes는 비교교육학을 문제해결과 교육의 이론적 이해 양쪽에 더 학문적이고 효과적인 기여자가 되도록 만드는 방법을 추구하고 있다.

D. 교육의 의사결정에의 기여: Edmund King

Edmund King은 런던대학교(University of London)의 King's大 비교교육학 교수인데 이 분야에서의 다산작가로서 유명한 공헌자 중의 하나이다. King은 Bereday나 Holmes와는 달리 비교방법은 특히 목적과 구체적 연구의 성격에 달려 있다고 주장하면서 비교연구의 특별한 방법을 주장하지 않는다. 비교교육학자인 King과 그의 동료들은 어떤 방법이든지 간에 연구하는 이슈와 연구문제에 맞아야 한다고 주장한다. 최근에 그는 다음과 같이 썼다.

> ……우리는 내용, 방법, 관여의 독특성의 주장을 점점 덜 믿는다. 다양한 학문, 다양한 문화적 배경, 실제적 관여에 대한 상이한 지각과 선입견은 정확하고 구체적인 그런 공통적 문제나 비교 가능한 문제를 마음에 품게 된다.8)

그러나 비교방법론은 학문적으로 무용한 그런 것은 아니다.―비교교육방법론들은 교육제도들 사이의 비교에서 반복 되풀이되는 문제에 대한 해답을 주기 위하여 개발되었는데 King은 비교연구자들이 해결하고자 시도하는 문제에 분명히 대처하지 못한다는 비판을 받아왔다. 이런 비판이 정당하냐 않으냐는 더 밝혀져야 할 일이지만 1968년경부터 King은 특히 그의 동료인 Holmes가 주장하는 방법에 열렬히 반대하면서 전보다 더 방법론적 이슈에 놀랄 만치 많은 주의를 기울였다는 것은 틀림없는 사실이다.

---

8) King, E. J., A Crisis of Conscience in Comparative Education, *La revue francaise de pedagogie*, 1970.

1958년부터 1973년까지 출판된 **King**의 작품을 읽어 보면 비교교육학에 대한 그의 생각의 일관성(continuity)과 발전(development)의 두 가지 면을 발견할 수 있다. 앞으로 알게 되겠지만 그의 주요 주제는 변함이 없고 수년 동안 일관성 있게 반복되고 있으며 특히 1968년 이래 집요하고 강력하게 주장되고 다듬어진 새로운 주제가 추가되었다.

사실상 그것들은 **King**이 비교교육학에 전문적인 참여를 전개하고 있다는 순서에 따라—즉, 그가 비교교육은 서로 다른 수준에 있는 교육학도에게도 적절해야 한다는 것을 강조하는 것에서부터 최근에는 비교교육을 현재의 중요한 교육적 이슈에 대한 의사결정과 실행(action)에 기여해야 한다고 주장하는 것에 이르기까지—일종의 색인을 만들어 보고 싶은 충동이 일어날 정도이다.

King의 일관된 주제의 하나는 우리가 상황에 따라 다르게 도움이 되기를 바라는 목적에 적절하게 비교교육학의 내용과 방법을 정의할 필요성이 있다는 것이다. 예를 들면 1959년에 그는 (1) 이 분야에 초심자인 학생에게 적절한 것과 (2) 이 분야에 이미 어떤 배경(background)을 가지고 있는 사람에게 적절한 것과 (3) 연구작업에 종사하는 사람에게 적절한 것을 구별하였다.9) 똑같은 구별을 1962년과 1968년의 발표물에서 반복하였는데 1968년에는 교육개혁을 위한 정책 형성과 실행(action)에 도움을 주기 위하여 설계된 연구의 수준이나 형식에 새로이 강조점을 두었다.10) 그는 다시 1973년에 "연구는 가르치는 일과 같지 않다는 것과 가르치는 일 자체에서도 우리 학생의 준비도의 수준과 준비도의 종류에 의하여 우리가 다른 책임을 가진다는 것을 인식"하지 못

---

9) King, E. J., Students, Teachers and Researchers in Comparative Education, *Comparative Education Review*, ii, 2, 1959.

10) King, E. J., *World Perspectives in Education*, Metheun, London, 1968. pp.12-15. *Comparative Studies and Educational Decision*, Methuen, London, 1968.

한 것에 주의를 기울였고, "교육적 결정을 내리고 이 결정을 수행해야 하는 사람들의 필요"에 맞게 연구를 적용해야 한다고 그는 다시 썼다.11)

비교교육학의 여러 가지 수준이나 형식에 대하여는 앞의 여러 장에서 언급되었지만 비교교육학에 대한 King의 이해와 그의 공헌점에 대하여 알기 위하여 우리는 이제 각각의 수준과 형식에 대하여 좀 더 자세히 살펴봐야겠다. King은 말하기를 초심자는 "관찰자에게 생소한 하나 이상의 문화형태의 성장절정과 전반적 용어(idiom)와 특별히 관련되어 있는 잠정적으로 분석적인 정보"12)를 제공해 주는 지역연구로부터 시작해야 한다는 것이다. 이 수준에서 교육제도나 그것의 부분들은 가능한 한 참여한 사람들의 관심과 생활에 대한 느낌을 교환하는 것에 관심을 갖고 환경 속에서 기술된다. 이것은 사람들의 "생활 속에 파고들려는" 세심한 노력과 함께 전체 문화의 부분으로 교육제도를 엄격하게 기술하고 이것을 해석한다는 것을 의미한다. 이런 목적으로 King은 영화와 소설, 그리고 잘 마련되고 세심하게 생각하는 방문이 유용한 도움이 될 것이라고 말하고, 또 생생하게 묘사한 최근의 책이 특히 도움이 될 것이라고 시사하였다.

그는 그러한 목적을 위해 *Other Schools and Ours*(다른 나라의 학교와 우리나라의 학교)를 썼는데 1958년에 첫 출판되고 이제 제4판이 나왔다. 이 책은 이 분야에서 가장 널리 읽히고 있는 입문서 중의 하나로서 이제 비교교육학에서의 최근의 발전에 관한 아주 긴 논의를 포함하고 있으며 덴마크, 프랑스, 영국, 미국, 소련, 인도, 일본의 7개국 교육에 관한 매우 읽을 만한 사례연구를 제시해 주고 있다. 각 나

---

11) King, E. J., *Other Schools and Ours*, Holt, Rinehart and Winston, New York, 1973. 4th edn. pp.461-466.
12) King, *Comparative Studies*, p.138.

라의 교육에서 King은 (1) "각 나라를 차이 나게 만든 전해 내려오는 배경"을 기술하고 있으며, (2) 경향성과 사건-국내외의-을 기록하고 있는데 이것들은 배경에 영향을 주고 있으며, (3) 교육의 현 구조를 고찰하고, 끝으로 극히 빨리 변화하는 시대에서 당면하는 어떤 문제들에 대하여 논의하였다. 책 전체를 통하여 그에게는 특정 나라나 국민들을 전형화하거나 상징하는 특성이나 사건을 보는 안목을 보였다. 그가 말한 것처럼 책은 읽어서 즐거워야 하고, 나아가서 기본적 정보와 통찰을 제공해 주는 동안 탐구와 논의를 자극하는 것이어야 한다고 생각했다.13)

그러나 이러한 논평에도 불구하고 King의 책 *Other Schools and Ours*(다른 나라의 학교와 우리나라의 학교)와 이의 자매 책에 해당하는 *World Perspectives in Education*(교육의 세계적 전망)은 그의 기본적 방법론에 있어서 어떤 비판의 대상이 되었다. 예를 들면 1967년의 글에서 Higson은 King의 책이 "훌륭한 저널리스트"의 노력이 담겨 있다는 것을 인정하지만 그의 접근이 "본질적으로 예술가적"이고 어떤 뚜렷한 이론적 기초가 부족하다고 주장하였다. 그의 책에는 지적이고 인간적인 사람의 관찰과 기술, 해석이 있지만 그의 책의 권위는 그의 판단과 직관의 수용 여부에 달려 있다. 어떤 기준에 입각해 책의 내용을 선정하였느냐 하는 것은 분명하게 밝혀지지 않았고, 그의 주장이나 결론이 나오게 된 견고한 기반이 제시되지 않았다. 이에 대한 King의 답변에서 그의 책이 비교교육학의 오랜 전통과 일종의 계속성을 대표했다는 것을 기억해야 하고 또 비판을 받아야 할 최초의 것이고 비판이 주로 사회과학의 가정과 전제의 측면에서 미래를 내다보는 사람들로부터

---

13) Higson, J. M., Developments Towards a Scientific Conception of Methodology in Comparative Education-A Review of the Literature, *International Journal of Educational Sciences*, 11, 1, 1967. pp.25-36.

나왔다는 점을 기억해야 할 것이다. 우리가 아는 것처럼 King은 비판과 변화에 민감하였고, 과학이라는 이름하의 이 분야에 대한 경직성을 타파하도록 자기를 강요하는 사람에 대하여 자기의 입장을 견지하면서 그는 그 위에 출판된 책에서 더 분명한 명확한 개념체계의 필요성에 보다 큰 관심을 보여주었다. 예를 들면 *Other Schools and Ours*(다른 나라의 학교와 우리나라의 학교)의 1973년도 판에서 진술된 체계에서 종전에 출판된 책의 생생한 기술과 날카로운 안식을 견지하고 비교연구의 발전 단계라는 의미 내에 그 책을 고정시키려고 시도하였다. 실제로 그는 곤경에 처하게 된 것을 고백하였다. "초기에 출판된 책들은 너무나 몇몇 교수의 취향에만 맞게 되었다. 무엇보다도 *Other Schools and Ours*라는 책으로부터 더 체계적 분석을 계속하고자 하는 소수의 진지한 학도와 학자들은 내가 기초 이론이나, 적어도 이러한 분석을 위한 모델이나 체계를 그들에게 제시해 주지 못했다고 느꼈을 것"[14]이라고 King은 말하였다. 그는 새 판의 3개절을 비교교육학의 최근의 발전과 연구를 위한 가능한 체계에 대한 자신의 이해를 바쳤다는 사실은 보다 체계적인 것을 원하는 이들을 만족시켜 주었다.

그렇지만 이러한 입문적 교과서에서도 King의 기본적 접근은 동일하다. 즉 추후의 보다 자세하고 또는 구체적인 연구를 위한 기반을 제공해 주는 그런 간단하지만 정확하고 자극하는 글로써 다른 나라의 교육제도에 대한 지식과 공감적 이해를 전달하는 것이었다. 이러한 접근은 비교교육학의 초심자에게 전적으로 적당하다고 주장할 수 있다. 이것은 보다 더 철저히 살펴봐야 할 문제해결 수준과 연구수준을 위한 King의 제안이라 할 수 있다. 왜냐하면 거기에서 초심자는 비교의 문제에 직면하기 때문이다. 반면에 비교연구의 수준이 달라지고

---

14) King, *Other Schools and Ours*, pp.9-10.

연구자의 수준이 달라지는 것과 상관없이 접근의 기본적 일관성이 필요하다고 주장될 수 있다. 예를 들면 학부학생을 위한 3, 4년의 역사 코스를 설계하는 데 있어서 여러분은 아마 몇 년이 지날 때까지 역사 지리의 문제에 세밀히 들어가거나 구체적인 주의를 기울이지는 않을 것이고 대신 역사라는 "학문(discipline)"이 무엇인지 알려 주는 모든 수준의 코스를 아마 기대할 것이다. 연구의 범위나 깊이에 있어서 또는 교수학습방법에 있어서 적절하다고 생각되는 것은 아마 매우 다양하겠지만 코스로서 학생들에게 제공되는 것은 교과목의 학문적 계열성과 일관되어야 할 것이다. 마찬가지로 생생하게 쓰인 입문적 코스나 교과서도 이 분야의 학문도야 방법과 일치되어야 할 것이다. 그러나 우리가 이미 살펴본 것처럼 비교방법에 대하여 일반적인 합의가 이루어지지 않아서 우리는 아직도 특정 방법론적 체계 내에서 일관성을 검증하는 수준에 머물러 있다. 그래서 만일 입문적 코스로써 Bereday나 Holmes의 연구방법이 제공된다면 아마 여러분은 이들 코스들이 그들의 보다 완전한 체계와 일치되기를 기대할 것이다. 그러나 우리 자신의 "학문(discipline)이나 과학(science)에 대한 모든 난센스를 우리가 받아들이지 않는다는 것은 우리 자신의 학문적 강점과 신뢰성의 측정"15) 이라고 말하면서 King은 비교교육학을 위한 기본적 방법론의 가능성이나 필요성을 부정하였다. 특별한 상황에서 방법과 전략의 유용성에 근거하여 도움이 되는 분야로부터 방법과 전략이 설계되거나 추출된다. 비교교육학의 제1수준에 대한 King의 제안은 수준에 따라 서로 다른 접근이 필요하다는 단지 목적에 가장 적절하다고 생각되는 것이어야 한다는 것이다.

지금까지 초심자를 위한 지역연구(area studies)에 대하여 살펴보았

---

15) King, *Other Schools and Ours*, p.480.

는데 이제 비교교육학 학도는 지역연구로부터 **King**의 제2수준-즉 비교문화적으로 발생하는 그러나 이해를 위해 배경과 결부하여 되돌아봐야 할 필요가 있는 주제나 이슈의 분석의 수준-으로 넘어간다. *World Perspectives in Education*(교육의 세계적 전망, 1962)이란 책은 이 수준의 학도들에게 도움을 주기 위해 쓰인 것인데 이것은 어떤 반복적으로 일어나는 문제나 보편적으로 곤란하게 느껴지는 결정-심히 추상적이거나 공허한 '요인(**factors**)'으로서가 아니고 생생한 실제적인 비교로서-을 식별해 내는 것16)과 관련된다. "기술공학적 변화의 영향", "통제의 이념과 체제", "변화하는 세계 속의 교사", 교육대상자 문제와 같은 이슈에 대한 비교문화적 차원을 소개함으로써 "만일 사람들이 자기 자신들이나 자신의 일을 평소보다 더 넓은 배경 속에서 본다면 사람들은 자기 후대 자손들이나 국가에 더 기여할 뿐만 아니라 자기 자신들에게까지도 이익이 될 것"17)이라고 **King**은 생각하였다. 그래서 전단계(지역연구)와 일관되게 전문성과 시험통과로부터 인간의 민감성의 높이까지-사실적 표현에 손상을 주지 않으면서-교육의 이슈를 끌어올리는"18) 방법으로 교육적 이슈를 제기하고 논의하기 위한 관심이 있었다.

　King의 제3수준은 연구(**research**)의 수준인데 이 연구는 대학교 논문에 이르는 공식적이고 정교한 것일 뿐만 아니라 실제 문제에 대한 해결책을 추구하는 개혁 중심의 연구이다. 다시 말해 연구방법은 연구될 문제나 이슈에 달려 있기 때문에 여기서 **King**은 문제를 해결하기 위하여 몇 가지 학문을 동원하는 협동적 접근(**team approach**)이 필요하다는 것을 인정하였다. 그러나 최근에 출판된 책에서 **King**은 문제의 비교연구에

---

16) King, *World Perspective*, p.15.
17) King, *World Perspective*, p.13.
18) King, *World Perspective*, p.13.

는 세 단계의 분석이 구별될 수 있다고 시사하였다. 이 세 단계 중 첫째 단계에서 우리는 검토하고 있는 일이나 문제의 개념적 측면(conceptual aspects)을 다룬다. 우리가 연구(research)를 수행하고 있는가? 그렇다면 어떤 목적으로 연구하고 있는가? 혹은 우리가 코스를 가르칠 것을 염두에 두고 있는가? 만일 그렇다면 어떤 학생을 위한 어떤 코스인가? 어떤 질문을 정말 묻고자 하는가? 이런 질문에 어떻게 대답해 나가야 할 것인가? 어떤 개념이나 아이디어가 문제에 내포되어 있고 명료화를 요구하는가? 문제 속에 내포되어 있는 우리의 의도와 개념을 명백히 하려는 시도를 넘어서서 우리는 이제 개념이 그 안에서 주어진 형태를 갖게 되고 또 문제점이 그 안에 존재할 것으로 생각되는 제도(institution)에 눈을 돌리게 된다. 예를 들어 만일 우리가 해결하려고 하는 문제가 교육기회의 불균등을 다루어야 하는 것이라면 개념화 단계(conceptualizing stage)는 우리 교육의 목표에 대한 고려, "균등(equality)"과 "교육기회(educational opportunity)" 개념의 명료화, 우리가 조사하려고 하는 특정 문제의 차원에 관한 정의와 같은 문제들을 아마 포함할 것이다. 그러나 개념들은 구체적 형태―특정 형태의 학교, 조직배치, 절차와 규칙 같은 형태―로 표현되고, 또 우리가 주의를 기울이려고 하는 것은 문제의 이런 측면과 다른 제도적 측면이다. 우리의 목적은 문제가 되는 어떤 제도와 그 기관들의 상호 연관성을 밝히고 기술하는 것이다. 더 공식적인 제도와 개입에 대하여 계획을 세우고 나서 이제 이 제도들이 실제 어떻게 기능을 발휘하는지 발견할 필요가 있다.―그래서 제3단계로서 조작적 단계(operational stage)가 필요하다. 이러한 분석에 근거하여 우리는 이제 문제해결을 도와주는 수정이나 변화를 제시할 수 있게 되거나, 또는 그렇게 하도록 지정되거나 선정된 방법에 의하여 알려진 결정을 내릴 수 있는 근거가 되는 가능한 해결 방안들의 범위를 제시할 수 있게 된다. 물론 King이 여기서 제시하는 것은 "진실로 분명하면서(really obvious)" "활동을 명백히 하고 촉진하는 것"을 의미한다고 그가 말하는 매우 광범한 체계이다. 어떤 사람들로 연구 팀을 구성하느냐(철학자 경제학자, 사회학자, 정치학자 등), 이들이 어떤 문제를 탐구하느냐, 어떤 방법을 채택하느냐는 결정해야 할 문제들이다. 그러나 여러분은 세 가지 이슈―"도시화와 교육", "교육과 행정의 중앙집권화", "학생문제"에 관한 예비적 논의에서 그의 체계를 그가 사용하였던 *Other Schools and Ours*(다른 나라의 학교와 우리의 학교, 1973)란 책의 부록에서 **King**의 일반적 접근의 몇 가지 실제적 보기를 발견하게 될 것이다. 보다 더 완전한 보기는 *Post-Compulsory Education: A New Analysis in Western Europe*(업무교육이후교육: 서유럽의 새로운 분석, Sage, London, 1974)이란 책에서 발견되는데 이 책은 **King**과 두 보조원―한 사람의 사회학자와 또 한 사람의 교육과정연구 전문가―에 의하여 연구된 5개국 연구 보고서이다.[19]

그러므로 **King**의 경우에 그의 기본적 방법론이라고 규정할 수 있는 일단의 절차나 시퀀스를 정하기는 매우 어렵다. 오히려 이 분야에 있어서의 그의 개념의 중요한 부분인 비교교육학에 관한 많은 명제를 확인해내는 게 더 적절할 것이다. 우리가 살펴본 것처럼 첫째는 방법과 전략이 목적에 달려 있다는 것이며, 또 특정방법만을 결정하려는 시도는 잘못된 것이라는 점이다. 둘째는 정책형성, 결정, 실행을 지향하는 연구에의 관련이다. 비교교육학의 발전 수준의 축적은 점점 더 비밀연구가 되는 게 아니라 공공봉사에의 관련된―정보를 열거하고, 정책선택을 설명하고, 실현 가능성을 지적하고, 심지어는 실천방법을 제시하기 위한 지식과 기술의 사용―것이다. 하나의 분명한 암시는 교육적 논쟁과 사회적 논쟁의 더 공공적 무대를 포함시키기 위하여 대학으로부터 초점을

---

[19] King, *Other Schools and Ours*, pp.42-48.

확대하는 것이다. 실제로 **King**은 이 분야의 장래를 교육에 이해관계를 가지고 있는 갖가지 기관과의 동반자라는 측면에서 내다보고 있다. 그는 이렇게 쓰고 있다.

> 우리들 주위에 때로는 교육의 발전을 도와주지만 때로는 교육적으로 가능한 것을 제한하는 것이 있는데 그것은 모든 종류의 정부조직, 국립기획연구소, 국제연구협의조직에 의한 활기찬 노력이다. 이러한 배경과 반대되는 교육의 비교연구는 확실히 이들이 추진해 나가는 것과 다르거나 이들을 설명하지 않는다.[20]

그러므로 **King**은 모든 관심, 집단, 질문, 방법에 개방적이다.

비교교육학에 대한 **King**의 개념의 세 번째 요소는 그가 "생태적 상황(ecological context)"이라고 부르는 것에 대한 강조이다. 비교교육학의 모든 연구자들은 상황(context) 속에서 교육제도나 제도, 실제를 연구할 필요가 있다고 인정하지만 **King**은 특히 생물학적 비유를 하였다. 예를 들면 입문수준에서 **King**은 "여러 나라의 문화적 상황의 역동적 생태학"[21]에 대한 민감성을 이해하기에 열심이었다. 똑같은 이유에서 그는 교육제도 연구에 있어서 객관성이 필요하고 또 가능하다는 순수한 주장이라고 본 것에 반대하여 광범하게 썼다. 그의 견해에 의하면 다른 문화 속으로 완전히 들어갈 수 없는 우리 문화의 조건과 불가능하기 때문에 "객관성"이나 "순수기술"을 주장하는 것은 무의미한 일이다. 마찬가지로 문화의 역동적 성격과 무한에 가까운 여러 형태는 확신성을 갖고 예측하거나 불변의 관계성을 확인하는 것을 불가능하게 만든다는 데 근거하여 "예측(prediction)"이나 "법칙(laws)"을 언급하는

---

20) King, *Other Schools and Ours*, p.6.
21) King, *Students, Teachers and Researchers*, p.34.

것에 강력히 반대하는 반응을 보였다. 이것은 급변하는 시대에는 더욱 그렇고 또 세계를 변형시키고 교육제도와 전통에 도전하는 "사건의 홍수"의 영향은 King의 계속되는 또 하나의 다른 주제이다. 물론 그가 주장하는 정책형성과 결정의 과정은 효과적일 가능성이 있는 변화에의 예측을 암시하지만 King에게 있어서 이것은 Holmes가 생각하는 용어와는 다르다. "우리는 예측할 수 없다. 우리는 아마 학교와 다른 교육기관에 일어나는 것에 관한 가설을 발전시킬 수 있을 뿐"[22]이라고 그는 주장한다. 사실상 "비교교육학이 일종의 예측의 의무를 가지는 과학이어야 한다고 주장하면 할수록 비교교육학 그 자체를 더욱 우습게 만드는 격이 된다."[23] 마찬가지로 그는 문제와 조류, 경향성을 밝히지만 "비교교육학에서 아직도 사람들이 '법칙(laws)'과 다른 보편적 원칙을 숭배해야 한다고 상상하는 게 얼마나 어리석은가! 이것은 우리가 주로 의존하는 기초사회과학에서 이미 오래 전에 포기한 단순한 낭만주의에 지나지 않는다."[24]고 쓰고 있다.

이러한 논평에서 알 수 있는 것처럼 King은 Holmes가 지지한 가정과 방법론이라고 그가 밝혀낸 것에 대하여 극단적으로 批判的이다. 실제로 그는 동료의 접근법에 아주 광범하게 그리고 아주 감정적으로 반대하는 글을 썼다. 이들의 견해차에 대한 자세한 분석은 이런 입문적 교과서의 범위를 넘는 일이지만 관심 있는 독자들은 열거된 참고문이나 오스트레일리아의 Armidule에 있는 New England 대학교(University of New England)의 Phillip Jones의 책을 살펴보면 좋을 것이다. Jones는 박사논문에서 King과 Holmes의 접근을 자세히 분석하였을 뿐만 아니라 동일한 교육문제에 적용함으로써 이들을 실제 비교하였다.[25] 이

---

22) King, *Other Schools and Ours*, p.478.
23) King, A Crisis of Conscience, p.4. also *Comparative Studies*, ch.1.
24) King, A Crisis of Conscience, p.14.
25) Jones, P. E., Comparative Method and Educational Policy Making, Ph.

둘은 가정과 강조에서 차가 있었지만 언뜻 보기보다는 훨씬 공통점이 많다고 Jones는 믿었다. 물론 단지 하나만은 아니지만 주요 차이점은 공통용어의 의미에 대하여 일치하지 않는 것이었다. 1968년 유럽비교교육학회영국지회(British Section of the Comparative Education Society in Europe)의 회장취임사에서 Joseph Lauwerys가 지적한 것처럼 "정의상의 일치의 필요성을 현재 진행되고 있는 어떤 논쟁과 토론이 잘 설명해 주고 있다. 이런 논쟁에서 논쟁자들은 같은 말에 다른 의미를 부여하고 있는 것이다."26) Lauwcry의 취임사는 사실 과학적 방법이 일반화될 수 있느냐-같은 일반적인 태도와 접근방법을 어디서나 적용할 수 있느냐-의 질문에 집중되고 동시에 방법에 관한 논쟁의 핵심에 맞는 질문이냐에 집중되었다. Lauwery는 논란의 여지가 있는 몇 개의 용어를 검토하면서 말을 시작하여 많은 예시적 정의와 논평을 제공하였는데 여러분 자신의 의견을 생각해 보는 하나의 근거로 여기에 제시한다.

(1) 과학(Science): 사실의 관찰과 검증에 근거하고, 또한 질서 있는 체계로 형성된 지식의 체계로 새로운 지식의 근거로 작용하고 새로운 지식을 습득(getting)하기 위한 안내. 어떤 과학은 실험에 의존하지 않지만(예: 천문학), 그 각각은 그 체계(framework) 내에서 형성되고 또 법칙에 의하여 도출된 주장의 검증에 의존한다. 과학은 발견적(즉 보다 더 조사하게 되는)이어야 하고 예측적 가치(즉 미래에 대한 정확한 추측을 할 확률을 높이는)를 갖고 있다.

D. thesis, University of New England, 1972.

26) Lauwerys, J. A., Methodology and Comparative Education, *Proceedings of the Conference of the Comparative Education Society in Europe*(British Section), Bolton, England, 1968. See also Noah, H. J. and Eckstein, M. A., *Toward a Science of Comparative Education*, Macmillan, Toronto, 1969. ch.8, 9, 10.

(2) 법칙(Law): 무생물, 식물, 동물, 인간의 행위에서 관찰된 어떤 규칙성에 대한 하나의 일반적 진술. 어떤 法則도 옳거나 절대적인 것은 아니다. 시간이 흘러감에 따라 조사와 연구에 의하여 그 적용 한계가 밝혀진다. 어떤 때는 법칙이 바람직하거나 승인된 행동(행동규범)의 규칙을 나타내기 위하여 사용된다고 Lauwery는 말한다. 어떤 사람은 과학적 법칙(scientific laws)과 규범법칙(normative laws)에 대해 말하지만 "규칙(rule)"이 아마 더 적절한 용어일 것이라고 그는 믿는다.

(3) 가설(Hypothesis): 이 사실의 전제 없이 이성적 사고의 기초로 만들어진 또는 조사연구의 출발점으로 만들어진 하나의 상상(supposition).

(4) 이론(Theory): 설명해야 할 현상과 무관한 원리에 입각해 사물을 설명하는 상상(supposition). 좋은 이론은 하나의 체제(system) 속에 많은 법칙을 포함해야 한다고 흔히 생각되고 또 이론으로부터 이들 법칙을 추출해 낼 수 있어야 한다고 생각된다. 그러나 이론은 사고의 경제성으로 도움이 되는 것을 의미하고 앞으로의 탐구와 연구의 길잡이로 도움이 되는 것을 의미하는 상상 그 이상이 아니기 때문에 이론이 "진실(true)이라 말할 필요는 없다. 문제는 "진실이냐?"가 아니라 "설득력이 있느냐?"이다.

(5) 예측(Prediction): 과학적 지식을 추구하는 주목적은 활동(행동)을 바람직한 방향으로, 경제적으로나 유목적적으로 지향하도록 도와줄 것이라는 성격의 기능에 대하여 진술하는 것이다. 예측과 이론은 예측하지만 예언(prophesy)하지는 않는데 그것은 아무것도 절대적이거나 확정적이지 않기 때문이다. 법칙과 이론은 확률과 관련되고 연구의 임무는 정확한 예측가능성을 증가시키는 것이다.

　Lauwery의 의견대로라면 교육의 모든 측면을 과학적으로 연구할 수 있다. 왜냐하면 방법은 관찰과 관찰된 것에 대한 일반적 진술(법칙), 관찰된 것에 대한 설명(이론), 많은 다른 사례로 이론을 검증(예측의 검증), 이론이나 법칙의 변화(보다 정확하게 적용 한계를 설정)를 다루어야 하기 때문이다. 그러나 결국은 확률적 진술이 모든 상황을 다 설명하지는 못하기 때문에 우리는 도움이 될 수도 있고 안 될 수도 있는 확률적 진술을 다루고 있다는 것을 기억할 필요가 있다고 Lauwery는 말한다. 이 말은 인간이 행동하는 방법에 대한 감정이입적 이해와 경험적 증거에 의존하기 때문에 직관과 개인적 결정이 공학에서보다 교육에서 훨씬 더 많이 사용될 여지가 있다는 것을 말해 준다. 그러나 이렇게 말하는 데 위험이 뒤따른다. 이 점에 대하여 Lauwery는 이렇게 말하고 있다.

　　과학발전의 제1단계로서 예를 들어 말하면 17세기 18세기에 미국과 오스트레일리아를 탐험한 사람들처럼 구체적 사실과 현상 물건을 수집하는 사람들은 가치 있는 업적을 수행하였다. 이들 수집가들은 우리들과 다를 바가 없다. 그들은 정원을 산책하는 중에 꽃의 색깔과 모양을 구별해 내고 제비꽃(violet)이 어떻게 그늘에서 자라고, 히드(heather)가 어떻게 산성 토양을 좋아하고, 벌들이 얼마나 유용한지를 밝혀준다. 이들은 더 걸어가면서 모든 식물과 동물들이 서로 싸우면서 또 서로 도와가면서 함께 살아가는 방법에 대하여 이야기하기도 한다. 그리고 나서 이들은 자연의 생태학적 균형에 대하여 주로 말하고, 꽃과 벌에 대한 연구를 그 상황적 환경 안에서 연구하라고 권고할 것이다. 이런 사람은 때때로 서비스를 제공해 준다. 이들은 아름다운 정원을 만들어 주고 우연히 아름다운 꽃을 생산해 줄 것이다. 그러나 만일 이들이 이 수준에 머무르고 만다면 평범한 시정의 정원관리자는 물론이고, 평범한 아마추어를 도와주는 과학적 원예학의 발전에 도움을 주지는 못할 것 같다. 그들의 방법은 단지 원시적 방법에서만 과학적일 뿐이다.[27]

이 단계에서 각각 배경이 다르고 서로 다른 훈련을 받은 비교교육학의 다양한 연구자들이 있어서 각각 다른 접근이 있을 수밖에 없다고 Lauwery는 결론을 맺었다. 그러나 모든 사람들이 기술의 단계를 넘어 분석과 해석에 관심을 기울여야 하기 때문에 여러 접근들 중에는 교육현상의 관찰에 근거할 법칙과 이론의 체계를 형성하려는 체계적 시도가 있을 것임에 틀림없다. 논쟁이 일어나는 곳에는 Holmes가 다른 방법으로 사용한 어떤 용어들을 King이 정의하려고 하는 한에서 이들의 본질적 특성을 명백히 할 필요가 있다. 예를 들면 그는 자기 자신의 가공인물을 공격하게 된다고 말할 수 있다.

그러나 반복되는 논쟁을 방어적 입장을 취하는 이유로서가 아니라 또는 차이나 곤란이 존재하지 않는다고 가장하기 위한 이유로서가 아니라 이 분야의 발전의 일부로 또 계속적인 주의를 기울여야 할 가치가 있는 것으로 보는 것은 중요하다. 물론 King이 말한 것처럼 방법론적 이슈가 개입되어 우리가 압박을 가하는 교육문제와 변화를 우리 분야의 실제문제로 충분히 주의를 기울이지 않게 될 가능성이 있다. 반면에 만일 비교교육학이 건전한 근거에 의하여 이러한 문제에 기여하는 것이라면 비교방법의 어려운 문제를 해결해 주는 방안을 발견해야 할 것이다. 우리가 이미 살펴본 것처럼 이러한 하나의 문제점은 적절한 자료를 설정하는 기준을 설정하는 문제이다. Jones의 의견에 의하면 Holmes가 하나의 체계를 제시해 주지만 King은 그 문제가 자기의 방법론 논의에 적절하다고 진실로 생각지 않았다. 더구나

---

27) Lauwerys, Methodology and Comparative Education.

King은 대학 안에서 그리고 교육학 교수 사회에서 비교교육학의 능력을 인정하였다. 긴박한 교육문제로 고민하는 사람들이 보다 직접적으로 포함되어야 한다는 그의 주장과 다른 사람의 기여에 보다 더 개방적이어야 한다는 그의 주장은 그가 공헌한 것 중에 가장 가치 있는 공헌이다.

E. 사회과학으로서의 비교교육학: Harold Noah & Max Eckstein

Noah와 Eckstein의 비교교육학 접근은 자신들이 Columbia 대학교 사범대학과 New York 시민대학교(City University of New York)의 Queen's College에서 제공하고 있는 코스에 불만족하는 데서 시작하였다. London 대학교의 Hans와 Columbia 대학교의 Bereday 밑에서 대학원 과정을 연구한 경험이 있는 그들은 우리가 첫 장에서 논의한 많은 고정관념(stereotype)의 특성이 있는 코스에 불만족하게 되었다. 이들은 비교교육학이 그 자체를 정당화하기 위하여 "교육과 사회에서 관찰된 현상을 설명하는 데 어떤 아주 독특하고 특성 있는 도움"[28]을 줘야 한다는 것을 인정하였다. 이를 달성하기 위하여 이들은 명백하게 진술된 가설에 대해 체계적 연구와 통제적 연구, 경험적 연구, 그리고 (가능하다면) 계량적 연구가 특색을 이룬다고 자신들이 주장하는 현대 사회과학의 방법에 눈을 돌렸다. 이런 접근을 통해서 이들은 교육과 사회 사이의 관계를 탐구하고 또—여기에 이 분야의 뚜렷한 기여가 있는데—이들은 비교국가적 자료를 가지고 가설을 검증하였다. 그래서 이들에게 있

---

28) Noah and Eckstein, p.ⅷ.

어서 비교교육학은 "사회과학과 교육연구, 비교국가적 차원의 상호교차점"**29)**을 의미한다. 이들의 협동적 노력의 예비보고서는 1967년에 출판되었고, 더 완벽한 발표는 1969년에 *Toward a Science of Comparative Education*(비교교육 과학을 지향하여)라는 책에서 나타났다. 이들의 일반적 접근을 설명하기 위하여 수집된 논문을 모은 책, *Scientific Investigation in Comparative Education*(비교교육학의 과학적 연구, Macmillan, 1969)이 같은 해에 출판되었다.**30)**

자신들이 지은 책의 서문에서 Noah와 Eckstein은 경험적, 계량적 연구라는 일치된 입장을 주장하고 "교육과 사회의 문제는 여러 가지 다른 방법으로 처리할 수 있는 현상들을 포함한다."고 인정하였다. 그러므로 그들은 비교교육학자에게 당신들의 지성의 체계(baggage)에서 인간주의자적이고 철학자적이며 예술가적인 관심과 기법을 모두 배제하라고 촉구하는 것은 아니며 오히려 이러한 관심과 기법이 오랜 동안 지배적이었으며 경우에 따라서 거기에는 보다 더 과학적인 방법이 있을 수 있다고 말한다. 비교교육에의 다른 공헌자들에 대한 이러한 태도에도 불구하고 이들에게 있어서 비교교육학의 장래는 과학적 방법론의 발전과 병행한다는 것은 아주 분명하다. 실제로 이들은 "만일 비교교육학이 그 정체위기(identity crisis)로 어려움을 겪는다면 그 이유는 비교교육학의 절충주의(eclectism) 때문일 것"**31)**이라고 주장하였다. 왜냐하면 광범한 다양한 학문에서 나온 학자들은 전문성을 주장하는 한 분야에 合意를 볼 수 없기 때문이다. 적어도 이런 점에서 Noah와 Eckstein은 King이나 심지어는 Bereday보다도 Holmes에 더 가까운 입장을 나타내었다.

---

29) Noah and Eckstein, p.184.
30) Noah and Eckstein, p. x .
31) Noah and Eckstein, p.117.

Noah와 Eckstein이 주장하는 일반 절차는 다음과 같이 요약될 수 있을 것이다.

(1) <u>문제점의 확인</u>(Identify the problem): 이 단계의 과정은 여러 가지 방법으로 출발할 수 있지만 비교연구로 해결하라고 하는 특별한 문제를 확인하고 명백히 하는 데 이르는 것을 의미한다. 예를 들면 관찰, 독서, 방문에 근거하여 독자 여러분은 독자 여러분 나라의 교육제도와 다른 나라의 교육제도에 대한 정보를 수집하거나, 통찰을 발전시키고, 또 여러분의 설명을 찾고자 하는 유사성과 차이점에 주의를 기울이기 시작할 것이다. 반면에 여러분 나라의 교육제도에서 경험한 것에 근거하여 여러분은 훨씬 광범한 비교국가적 연구를 통해 설명해야 할 교육과 사회의 특별한 문제나 관계성에 대하여 의식하게 되었을 것이다. 다시 말하면 독서와 생각은 아마 가능한 설명을 시사해 줄 것이며 조금씩 단계적으로 문제를 명확히 해 줄 것이고 몇 가지 논의(question)와 추정된 관계성 또는 설명적 명제들을 발전시킨다. 예를 들면 여러분들은 어떤 나라의 교육제도는 혁신적이라는 평판을 가지는데 다른 나라의 교육제도는 보수적인 것으로 생각된다는 것을 관찰하게 될 것이다. 그 다음에 여러분은 혁신성이 그 사회의 특별한 특성과 어떻게 관련되는지에 대하여 생각하기 시작해도 좋을 것이다. 아마도 혁신적인 교육제도와 특정 정치체제, 특정 종교체계, 전통의 특정 사회체제 그리고 학교가 조직되고 통제되는 다른 방법들과의 사이에는 관계성이 있다. 이것은 관심의 더 깊은 명세화에 이르게 되고, 몇 개 사회의 특별한 관계성에 관한 이용 가능한 문헌의 탐구에 이르게 되고, 또 문제들에 대하여 더 다듬는 일에 이르게 된다. 이렇게 되면 여러분은 다음 단계로 넘어갈 준비가 된 것이다.

(2) <u>가설의 형성</u>(Develop the hypothesis): 가설형성 전에 광범한 기술단계(descriptive phase)와 설명단계(explanatory phase)를 거쳐 수집

되고 해석된 자료의 병치단계(juxtaposition phase)를 제안했던 Bereday 와는 달리 Noah와 Eckstein은 일반적으로 적절하다고 생각되는 그러한 종류의 자료의 광범한 축적은 시간과 정력의 낭비라고 주장하고 그러다 보니 연구자는 비교의 단계(comparative stage)까지 발전하지 못하게 된다고 생각했다. 물론 예비적 문헌연구와 정보의 수집은 필요하지만 문제를 명료화하는 시점에서의 유일한 문제는 체계적이고 세밀한 연구 를 위한 출발에 불과하다. 이것은 연구의 초점을 제공해 주고 적절 가능 한 제한된 자료 속에서의 유용한 출발을 하게 해 주는 가설형식을 통해 서 이루어진다.

여러분이 생각해 볼 수 있는 것처럼 形成된 가설의 종류는 연구하는 지역의 지식과 이론의 현 수준에 달려 있다.―선행연구와 형성된 지식 과 설명의 기반이 단단하면 할수록 가설은 더욱더 정밀하고 구체적일 것이다. 이미 언급된 보기에서 "사회체제가 개방적이면 개방적일수록 학교체제는 더욱더 혁신적일 것이다."라고 우리는 가설화할 수 있다. "개방" 사회체제와 "폐쇄" 사회체제, 그리고 교육혁신에 관한 문헌은 개념을 정의하는 데, 또 뒤에 가서 이 개념의 측정을 선정하는 데 도움 이 되겠지만 이 단계에서 우리는 아주 일반적 의미에서 "개방성"과 "혁 신성" 사이에서 추측된 관계성을 검증하는 데 만족하게 될 것이다.

(3) 개념과 지표의 정의(Define the concepts and indicators): 우리 가 이미 배운 것처럼 용어와 개념의 정의에 대한 혼동은 이 분야에 부주의한 사람들에게 있어서 하나의 함정이 되기 때문에 우리가 이들 용어와 개념에 붙이는 의미를 아주 외형적으로 명백히 할 필요가 있 다. 우리의 예시의 경우에 우리는 "개방성"과 "사회체제", "혁신성", "학교체제"라는 용어와 개념을 정의하여야 할 것이다. 그러나 특히 "개방성"과 "혁신성"의 개념은 조작화(operationalize)하여야 할 것이 다. 즉 이 개념들은 여러 가지 측정(measure)이나 지표(indicator)에

의하여 정의해야 한다. 그런데 이것은 적절한 자료를 설정하는 문제에 대한 제2단계의 해결 방안이다. 사회체제의 "개방성"을 완전히 측정하기란 불가능하기 때문에 우리는 이에 대한 몇 개의 지표(indicators)를 선택해야 한다고 생각한다. 확실히 타당한 지표를 선택하는 것(즉 정말로 그 개념을 측정해 주는 것)이 중요하다. 만일 우리가 "개방성"을 사회체제 내의 이동 가능성이란 측면에서 정의한다면 우리는 아마 상·공업계에서 인정된 상위수준을 가지고 있는 사람들의 사회경제적 배경과 같은 지표, 또는 대학생의 사회경제적 배경과 같은 지표를 선택할 것이다. 여기서의 가정은 개방사회에서 상위수준의 직업이나 고등교육을 받는 각각 다른 사회경제적 집단의 대표는 폐쇄사회에서 보다 더 밀접하게 사회에서의 대표를 짐작할 수 있을 것이라는 것이다. 즉 높은 신분의 지위와 교육을 계속 받을 수 있는 기회는 폐쇄사회에서 보다 더 각각 다른 사회경제적 집단에게 더 개방될 것이라는 가정이다. 얼마나 많은 지표를 선택하느냐와 얼마나 광범한 또는 좁은 지표를 필요로 하느냐는 바로 개념의 성격에 달려 있고 또 지금까지 그 개념에 대하여 알려진 것이 무엇이냐에 달려 있다.

(4) <u>사례의 선택</u>(Select the cases): "일반적으로 선택의 기준은 (1) 사례의 가설에 대한 적절성, (2) 주요 외부변인의 통제, (3) 조사연구의 경제성"[32]의 셋이라고 Noah와 Eckstein은 쓰고 있다. 예를 들면 우리가 예시로 들은 가설을 검증하기 위하여 우리는 "개방" 사회와 "폐쇄" 사회의 연속선의 양 극단에 위치할 것이라 믿을 수 있는 이유를 가지고 있는 두 나라와 두 나라 사이에서 다른 위치를 취하리라 믿어지는 다른 나라를 선택할 수 있다. 반면에 만일 가설이 "사회주의 사회……" 또는 "발전도상 국가……"와 같이 시작된다면 사례(case)의 선택은 매우 달라질

---

32) Noah and Eckstein, p.143.

것이다. 만일 사회 체계의 개방성과 학교체제의 혁신성의 관계에 관한 우리의 결론이 자료를 심히 "변경시킬(contaminate)"것 같은 다른 중요한 요인들에 의하여 영향 받을 것이라 생각되면 우리는 선택된 특별한 사례(case)에서 이 요인들을 통제시키려는 시도를 할 수 있다. 연구의 경제성에 관한 기준은 가설을 검증하기 위하여 사용될 사례의 수에 관한 질문을 제기한다. 너무 적은 사례는 일반화나 예측을 의한 결론의 가치를 제한받게 되고 너무 많은 사례는 단지 처리하기 어렵고 또 쓸데없이 반복되는 점이 있기 때문에 경제성의 기준은 특정 연구에서 판단해야 할 문제이다.

이런 일반적 기준은 그렇다 치고 Noah와 Eckstein은 또한 비교연구에서 사용될 네 형태의 표집, 즉 (1) 전 세계(global), (2) 지역(다국가)(r-egional (multinational)), (3) 지역(국내적)(regional (intranational)), (4) 시간간(cross-temporal)의 표집에 주목하였다. 정보 축적과 보충(retrieval) 시설의 발전과 UNESCO와 같은 국제기구의 설치에도 불구하고 세계 규모의 유용한 연구를 하기는 그렇게 쉽지 않다. 모든 나라에서 특정 시기에 특정 이슈가 문제에 관한 타당하고 신비로운 정보를 얻는다는 실질적 어려움은 해석과 비교의 어려움 못지않게 극히 어렵다. 사실상 국가가 아직은 지배적인 정치적 실체이기 때문에 대부분의 연구는 선정된 국가 간 비교에 근거를 두고 있다.

그러나 Noah와 Eckstein이 말한 것처럼 "논리적으로나 방법적으로 비교교육의 주제는 국가보다 크든 작든 여러 종류의 단위들 간의 비교를 포괄해야 한다."33) 그래서 어떤 목적으로는 라틴아메리카나 동남아시아와 같은 지역이 비교의 기반이 되고 어떤 다른 목적으로는 국가 내의 지역이 비교되어야 할 것이다. 후자의 경우에 이 지역들은 주, 도, 군

---

33) Noah and Eckstein, p.145.

과 같은 정치·행정단위에 기반을 두거나 아니면 다른 기반-예를 들면 농촌에 근거하여 정의될 것이다. 마찬가지로 비교는 시간의 일정 시점에 국한할 필요가 없다. 예를 들면 특정 국가에서의 학교체제와 정치체제나 경제체제와의 관계성을, 특정 가설을 검증하기 위하여 시간적으로 일정한 간격을 두고 연구할 수 있고, 또 이에 근거하여 비교국가적 연구를 발전시킬 수도 있다.

(5) 자료수집(Collect the data): 여기서 연구자는 실제적 문제와 방법적 문제에 부닥치게 된다. 실제적 문제는 많은 분야에 공통적인데 여기에는 원자료(sources)와 특정 자료에의 접근 곤란성과 자료수집의 형식, 그리고 수집된 자료의 대표성(representativeness)과 충분성(sufficiency), 신비성(reliability)에 대한 문제 등이 포함한다. 그러나 이 중에 어떤 것은 비교연구에만 특별한 것이고 대부분 비교국가적 차원의 연구에서 나오는 문제들이다. 여행과 심지어는 숙박의 문제, 언어의 문제, 문화의 차를 해석하는 문제는 흔히 들 수 있는 보기이다. 자료를 직접 수집한다면 의사소통과 신비성과 같은 다른 곤란점이 생긴다. 반면에 쉽게 이용할 수 있는 자료의 한계는 흔히 내용이 너무 제한적이어서 받아들일 만한 대안이 될 수 없다는 것이다. 이 정도 해 두고 단지 적은 부분만이 어떤 규모에서든 비교국가적 연구를 가능하게 해 주는 전문적 역할이나 자원을 가지고 있기 때문에 비교교육의 대부분의 종사자들, 특히 여러 수준에서 가르치고 있는 사람들은 이용 가능한 자료를 찾는 근거로 조작한다는 것은 아마 사실일 것이다. 그렇지만 Noah와 Eckstein은 이 분야에 종사하는 모든 사람들에게 그들의 방법을 제시하였는데 자료수집 시에 대부분은 이용 가능한 제한 범위 내에서 수집활동을 할 것이라 기대한다. 그래서 어떤 종류의 자료가 가능하며, 어떤 주요 출처가 있으며, 어떻게 자료를 수집할 것인지를 아는 것은 아주 중요하게 된다. 그리고 능률적인 일상적 관리 방법, 즉 우리의 목적에 맞는 제시한 참고 자료와

같은 자료를 수집, 기록, 조직하는 방법을 개발할 필요가 있게 된다.

　Holmes처럼 Noah와 Eckstein은 이용 가능한 자료의 분량을 확보하고 그로부터 가설에 적절한 자료를 선택하는 것은 중요한 방법론적 문제를 대표한다고 인정한다. 가설의 조기 형성과 제한된 수의 지표의 사용, 사례의 현명한 선택은 이 문제를 해결하는 데 도움이 될 것이라고 Noah와 Eckstein은 내다봤다. 이들은 또 가능한 곳에서는 결과의 계량화가 자료의 관리 가능성의 문제를 극복하고 보다 더 쉽고 정확한 비교를 하게 해 주기를 희망하였다. "개방성－혁신성"의 예시에서 우리는 먼저 기술한 방법으로 선정한 6개국 각 나라에서 상·공업의 상위 수준 직업을 가지고 있는 사람들과 대학생들의 사회·경제적 배경에 관한 자료를 수집할 수 있을 것이다. 우리는 아마 지표들을 사회체제의 "개방성" 측정으로 똑같이 중요하거나 똑같은 비중을 생각해야 할 것이고, 그 다음에 두 지표들의 단순한 합계에 의하여 가장 개방적인 사회로부터 가장 덜 개방적인 사회로 나라들의 순서를 매겨야 할 것이다. 만일 우리가 한 지표가 다른 지표보다 더 의미 있다고 생각한다면 우리는 아마 적절한 비중을 매겨야 할 것이다.－가능하다면 어떤 객관적 기준에 근거하여, 그렇지 못하다면 임의적이지만 외면적으로 진술된 근거에 의하여.

　뿐만 아니라 우리는 몇 개의 지표를 통해서, 말하자면 지난 10년간 교육과정, 교수－학습 방법, 학교 조직, 또는 행정과 통제의 형태에서 계획된 변화의 측정을 통해서 조작적 용어(operational terms)로 "혁신성"을 정의하게 될 것이다. 자료를 수집, 분석하고 지표의 비중에 의하여 결정하고 나서 가장 혁신적인 것으로부터 자장 덜 혁신적인 것을 재는 척도에 의하여 여러 나라의 교육 체제의 순위를 매기게 될 것이다.

　(6) 자료의 조작(Manipulate the data): 위에 기술된 절차는 이들의 일반적 형식을 설명하려는 목적으로 너무 단순화시킨 것이다. 예를

들면 "혁신성"의 개념은 아주 조심스럽게 생각해야 할 것이다. ─문헌 상 혁신성에 관한 정의에 혼동이 있을 뿐만 아니라 혁신성을 "그 자체가 좋은 것"으로 긍정적 가치를 매기는 경향이 있다. "어떤 방향으로의 혁신이냐?"라는 질문은 예를 들면 심한 체벌과 엄격한 학급관리의 도입을 포함하는 계획적 변화가 특정 체제의 혁신성을 잘 보여줄 수 있다는 것을 우리들에게 회상시켜 준다. 개념에 대한 조심스런 정의와 가정의 명료화는 그렇게 간단하지도 않고, 또 자료의 조작과 분석의 적절한 형식의 발전도 아니다. 바로 어떤 기법을 채택할 것인가는 특정 사례에 따라 다르고 기본적 연구 설계에 의하여 결정된 측정 형태나 지표의 형태에 적절해야 할 것이다.

우리가 지금까지 예를 들어 온 사례에서 Noah와 Eckstein이 기술한 것들에 근거한 단순한 절차는 아마 "개방성"과 "혁신성"에 의하여 6개국의 순위를 비교하는 것이 될 것이다. 각 차원의 동일 순서에서 등급이 매겨지지 않을 것 같은 사건에서 우리는 가설이 지지된다고 결론을 맺을 수 있다. 완전한 정적 상관이나 완전한 부적 상관이 없을 것 같은 상황에서 우리는 가설을 지지 또는 부정하기 전에 충족되어야 할 기준을 설정해야 할 것이다.

(7) 결과의 해석(Interpret the results): 이 단계에서 결론과 결론에 이르는 과정의 두 가지를 검토해야 한다. 곰곰 생각해 보기 위하여 예를 들면 가설이 부적절하게 형성되었는지, 또는 사실상 지표가 타당하지 않았나, 또는 계량화 절차가 어느 면에서 잘못되지 않았는지 고려해 봐야 할 것이다. 이어서 이것은 약점을 바로 잡으려고 시도되는 추후 연구에 이르게 할 것이다. 그러나 절차에 만족하게 되면 현존 지식과 이론을 위한, 한 발짝 더 나아간 질문이 연구를 위한, 또는 정책결정을 위하여 이제 결과의 시사점을 고려해야 할 것이다.

이 절차에 근거한 방법을 주장하는 속에서 Noah와 Eckstein은 만병통치약을 제공해 주는 것이라고 주장하지는 않는다.─사실상 이들은 비교연구에 사회과학적 기법을 적용하려는 시도로 생기는 부가적 문제에 대하여 말하였다. 이들 부가적 문제의 몇 가지에 대하여는 앞의 기술 속에 약간 지적되었지만 이에 더하여 우리는 최근 사회과학 방법의 정의에 대한 의문을 지적하지 않을 수 없다. 특히 객관성에 대한 동일 주장을 하지 않거나, 지식을 구성하는 것에 대한 동일 가정을 하지 않고, 또는 계량화에 대한 동일 강조를 하지 않는 방법을 더 받아들이는 것으로 나타나고 있다. 그러나 **Noah**와 **Eckstein**은 "관찰자의 상상적 반성적 사고와 직관적 통찰을 포함하지만 체계적이고 경험적 검증을 해 주는 방법이 비교교육학의 발전을 위하여 최상의 희망을 보여주는 것 같다."**34)**고 믿는다.

---

34) Noah and Eckstein, p.191.

제7장

비교교육학의 연구방법 탐구 Ⅲ: 복습과 전망

제7장 비교교육학의 연구방법
탐구 Ⅲ : 복습과 전망

폭넓은 기술과 논평을 위하여 여러 명의 선구적 비교교육학자의 업적을 선정하여 살펴보았지만 우리가 비교교육학을 완전히 이해했다거나 현재 논의되고 있는 모든 쟁점을 거론했다고 생각해서도 안 된다. 앞에서 언급한 것처럼 비교교육학의 목적과 방법은 1950년대 이후 광범한 논란의 대상이 되었다. 그리고 또 많은 사람들에 의하여 유용한 공헌이 있었다. 이들 공헌의 성격과 범위는 Michael Henry의 매우 유익한 주해참고문헌(annotated bibliography)에서 찾아볼 수 있는데 여기에서 Henry는 비교교육 방법론에 관한 80개 이상의 참고문헌을 열거하고 있다.1) 그리고 그가 말한 것처럼 이 참고문헌들은 영어로 쓰인 논문으로 제한했는데 이 책도 주의 깊게 보아야 할 비교교육자들을 선택하는 데 있어서 그런 제한점을 갖고 있다. 분명히 영어로 쓰인 것 중에도 포함시키지 못한 것이 있을 것이며 더 많은 다른 언어로 쓰인 가치가 있는 중요한 연구 논문들이 더 있을 것이다.

그러나 이런 제한점을 인정하지만 여기에 선정된 비교교육학자들은 이 분야의 앞서가는 공헌자들이며, 또 이들은 비교교육학의 각각 다른

---

1) Henry, M., Methodology in Comparative Education: An Annotated Bibliography, *Comparative Education Review*, x vii, 2, 1973. pp.231-244.

여러 방법을 대표하는 사람들로 볼 수 있다고 우리는 주장해도 좋을 것이다. 예를 들어 Kandel과 Hans는 옛날의 역사-철학적 접근(historical-philosophical approach)을 대표하고, Bereday는 비교학문적 접근(cross-disciplinary approach)을 대표하고, Holmes는 과학적 방법을 적용하는 문제해결적 접근(problem solving approach)을 대표하고, King은 오스트레일리아 사람들이 "코스 별 말(horses for courses)"이라 부르는, 즉 특정 목적을 달성하기 위하여 선정된 특별한 방법을 대표하고, Noah와 Eckstein은 사회과학의 체계내에서 비교교육학을 발전시키려는 시도를 대표한다는 시사를 해 왔다. 이렇게 사람들을 범주화시키려는 데는 문제점이 있다. 특히 상당한 중복이 있을 때는 더욱 문제가 있다. 그러나 넓게 말하여 범주화시킴으로써 현재 다양하고 복잡한 분야의 윤곽을 잡는 데 도움이 된다.

그러나 여기에 선정된 대부분의 저작자들은 그 가정과 접근에 있어서 넓은 의미로 보아 의견을 같이 하는 다른 사람들과 합쳐질 수 있다고 인정하는 것이 중요하다. 가령 역사나 철학, 언어학, 문학적 배경을 가지고 있는 학도와 교사들은 Noah와 Eckstein의 方法보다는Kandel과 Hans의 方法을 약간 수정하여 사용하는 것이 좋을 것 같다. 그리고 이러한 배경을 가지고 있는 사람들은 또한 다른 나라의 문화와 교육제도에 대한 지식과 이해를 추구하는 데 있어서 직관(intuition), 반성(reflection), 개인적 판단(personal judgment)을 사용할 여지가 많은 집단일 수도 있다. 이들에게는 예를 들면 문학이나 영화, 연극과 같은 창작예술작품이 다른 사회와 사람을 통찰하는 중요한 근원으로 쉽게 접할 수 있는 것이다. 이들은 Vernon Mallinson이 주장한 것처럼 다른 나라 문학에 친숙해지는 것이 빈번한 외국 방문과 언어에 대한 지식과 꼭 마찬가지로 그 나라를 알게 되는 데 중요하다고 생각할 것이다. 예를 들면 비교교육학 문헌에 관한 논문에서 Mallinson은 그 시대의 철학적 분위기를 나타내는 작품

에 대하여 썼는데 이들 작품의 주요 관심은 사회적 문제이고 거의 전적
으로 교육적 이슈에 쏠리고 있다. 만일 독자 여러분이 영국의 교육총감
(the Chid Education officer)의 역할에 대하여 알아보고자 한다면
Roger Armfelt의 *Village Affairs and Country Affairs*(마을 일과 국가
적 일)이라는 작품을 읽으면 도움이 될 것이라고 Mallinson은 예시로 들
고 있다. 그리고 만일 여러분이 1939년 이전의 영국 문법학교(grammar
school) 생활과 오늘날 학생들의 경험을 비교하고자 한다면 여러분은
Geoffrey Dennis의 *Bloody Mary's*(피투성이의 Mary네)를 읽어야 할
것이고, 만일 중등현대학교(secondary modern school)의 생활을 설명하
고자 한다면 Michael Croft의 *Spare the Rod*(매를 아껴야)나 Edward
Blishen의 *Roaring Boys and This Right Soft Lot*(노호하는 소년들과
바로 이 운명)를 권하고 싶다.2) 또 만일 여러분이 오스트레일리아의 교육에
대하여 연구하고자 한다면 Brian James의 *The Advancement of Spencer
Button*(Spencer Button의 발전)3) 이 대교육국(Education Departments)에
서 일하는 사람들을 알기 위해서는 물론 오스트레일리아의 전반기의 교육
의 실제 모습을 제공해 주는 필독 도서가 될 것이다. James가 뒤에 쓴
Hopeton High(Hopeton 고등학교)4)와 Dan Reidy의 *The road to
Tabuggaree*(Tabuggaree로 가는 길)5) 시골상황의 생활에 대하여 설명
해 줄 것이고, 반면에 Cliff Green의 여섯 개의 TV 시리즈인 *Marion*은
1940년대 Victoria의 시골학교에서 젊은 교사의 경험을 신랄하게 파헤쳐

---

2) Mallinson, V., Library Studies in the Service of Comparative Education, *Comparative Education*, iv, 2, 1963. pp.177-181. Also, Spolton, L., The Secondary School in Post-War Fiction, *British Journal of Educational Studies*, xi, 2, 1963. pp.125-14.

3) James, B., *The Advancement of Spencer Button*, Angus and Robertson, Sydney, 1950.

4) James, B., *Hopeton High*, Angus and Robertson, Sydney, 1963.

5) Reidy, D., *The Road to Tabuggaree*, Heinemann, Melbourne, 1964.

줄 것이다. Donala Horne의 *The Education of Young Donald*(젊은 Donald의 교육)[6]과 Hal Porter의 *The Watcher on the Cast Iron Balcony*(발코니 위의 파수군),[7] Alan Marshall hall의 *I can't Jump Puddies*(수렁으로부터의 도약),[8] Graham McInnes의 *The Road to Gundagai*(Gundagai로 가는 길)[9]는 오스트레일리아의 소년들이 성장하는 과정을 다루고 있는 책들인데 모두 오늘날의 소년들의 경험과 재미있는 비교를 할 수 있게 한다.

물론 비교교육학자들의 문제는 이런 출처들로부터 자료를 주는 입장을 결정하는 것이다. 아마도 어떤 사람들은 창조적 예술가의 지각과 통찰을 "지식(Knowing)"의 출처로 믿고 이를 판단과 행동의 근거로 삼으려 할 것이다. 그런가 하면 어떤 다른 사람들은 보다 과학적으로 도출된 지식을 신뢰하고자 하고 개인의 통찰(Vision)을 의심하게 된다. 또 어떤 사람들은 위의 양자들 사이에 균형을 유지하고자 하여 하나가 다른 하나를 보완해 주는 입장을 취하고자 할 것이다. 이런 입장을 취하는 사람들은 자서전과 소설류는 흔히 아주 개인적 자료이고 때때로 공동 경험과 기억을 반영해 주지만 때로는 개인 특유의 것이며 다른 사람의 경험으로도 반드시 진실일 수 없다는 것을 인정한다. 가장 완전하거나 균형 잡힌 연구방법을 탐색하는 데 있어서 비교교육학자들은 이들 작품과 동등하게 다른 형태의 탐구 방법으로부터 나온 지식과 이해에도 가치를 두고자 할 것이다. 결국 창조적 예술가의 공헌은 우리가 이미 보다 더 신뢰로운 방법으로 발견했던

---

6) Horne, D., *The Education of Young Donald*, Angus and Robertson, Sydney, 1967.
7) Porter, H., *The Watcher on the Cast Iron Balcony*, Faber and Faber, London, 1963.
8) Marshall, A., *I Can Jump Puddles*, Cheshire, Melbourne, 1955.
9) McInnes, G., *The Road to Gundagai*, Hamilton (Hamish), London, 1965.

것에 더 다채롭고 흥미로운 설명을 제공해 주거나 어떤 내용을 첨가
해 주는 데 있는 것이 아니다. 본질적으로 주변적인 자료를 제공해
주는 데 있다. 이것은 어떤 사건이나 관계성에 관한 새로운 인식을
심어주고 현실을 분석하는 또 다른 방법을 발전시키는 데 있어서 그
자체의 타당성을 가지고 있다. 그러나 단지 이러한 점에 창조적 예술
가의 공헌을 제한하는 것은 아니다. 과학적 방법론만을 일관되게 주
장하는 사람으로 분류되는 **Brian Holmes**는 예를 들면 이렇게 쓰고
있다.

> 국가가 당면한 가장 심각한 문제에 대한 소설가의 통찰은 사회학
> 자의 통찰과 마찬가지로 깊이가 있다. 인간성격에 대한 소설가의 이
> 해도 심리학자의 이해만큼이나 지각적이다. 소설가의 국가 전통에
> 대한 인식도 역사가의 인식과 마찬가지로 역사적 인식력을 갖고 있
> 다. 요약하면 상상적 문학은 소설가들이 표현하는 작품 속에서 교육
> 문제와 사회 환경에 대한 이해를 크게 추가해 줄 수 있다.**10)**

분명히 소설가나 시인의 가정과 방법은 사회과학자와 역사가의 가
정과 방법과 다르겠지만 각자가 인간과 사회에 대한 이해를 추구한다
는 의미에서 각각 교육에 대한 우리의 이해를 돕고 사회 간의 교육
형태와 실제의 차를 이해하는 데 훌륭한 공헌자들이다. 중요한 것은
분야의 특별한 강점과 제한점을 발견하고 이들이 가장 효과적으로 공
헌할 수 있음을 인정하고 나아가 상호 관련되거나 협력적인 활동의
가능성을 인정하는 것이다.

Kandel과 **Hans**는 비교교육학에서의 가정과 활동에 있어서 대체로

---

10) Bristow, T. and Holmes, B., *Comparative Education through the Literat-
ure*, Butterworth, London, 1968. p.11.

비슷한 참여자들의 다양한 집단의 대표로 생각되듯이 **Noah**와 **Eckstein** 도 사회과학의 가정과 방법이란 측면에서의 새로운 방법을 아는 점증하는 많은 사람들을 대표한다고 할 수 있다. 이와 관련하여 **IEA**의 프로젝트에 특별한 고려나 세밀한 주의를 기울인 점에 대하여 우리는 **Chicag** 대학교 비교교육학센터(Comparative Education Center)의 **C. Arnold Anderson**의 공헌을 선택하여 보아야 할 것이다. **Noah**와 **Eckstein**과 **Anderson**은 비교교육학에 대한 최근의 접근법의 예로써 언급할 만한 자격이 충분히 있다고 본다.

1957년 동료들에게 보내는 메모에서 사회학자인 **Anderson**과 경제학자인 **Mary Jean Bowman**은 새로 생긴 시카고 대학교의 비교교육학센터가 추진해야 할 것으로 믿어지는 연구 프로젝트의 윤곽을 말하였다. 예를 들면 이들은 (1) 학교수용의 범위, 분포, 선박에 관한 국제적 비교와 국내적 비교연구와 (2) 가치태도, 지적신분, 사회계층 이동의 통로로서의 교육에 관한 비교연구, (3) 가치태도, 교육내용, 교육에서 학교의 역할에 관한 비교연구, (4) 공식적 학교교육의 경제적 비용과 이익, 인간자본의 투자와 그것의 잉여 산출로서의 교육평가에 대한 비교연구를 제안하였다.**11)** 이런 예와 또 다른 예에서 볼 때 비교교육학은 특히 기능적 의미에서의 교육과 사회의 관계에 관심을 갖는 분야로서 정의되고 또 자료는 국가비교적이지만 그 방법은 적절한 사회과학적 방법을 사용하는 분야로 생각된다.

시카고 대학교의 비교교육학센터는 실제로 1958년에 설립되었는데 **Anderson**은 1972년까지 소장이었다. 그 당시 이 센터는 미국에서 비교교육 활동의 주요 센터가 되었고 센터 직원들은 광범한 관심과 접근법을 사용하는 동안 이들의 특별한 공헌은 비교연구에 사회과학 방법을 적용하

---

11) Interview with C. Arnold Anderson, *Comparative Education through the Literature*, xvii, 2, 1973. pp.154-159.

는 데 있었다. **Anderson** 자신의 세 논문이 이러한 공헌을 대표한다. 예를 들면 **1959**년에 **Anderson**은 사회과학 연구에서 흔히 사용되는 이러한 분류형태가 교육제도의 연구에도 또한 도움이 될 수 있다고 주장하면서 **"The Utility of Societal Typologies in Comparative Education**(비교교육학에 있어서 사회유형학의 활용)**"12)**에 대하여 논의하였다. 같은 해에 사회적 결속, 계층, 사회구조, 전문주의, 관료제의 연구가 비교문화적으로 교육분석에 적용해 왔다고 주장하면서 **"Sociology in the Service of Comparative Education**(비교교육학을 돕는 사회학)**"**을 썼다.**13)** 그러나 아마도 자기의 접근법에 대하여 가장 분명하게 진술해 놓은 것은 **1961**년에 발표된 **"Methodology of Comparative Education**(비교교육방법론)**"**이란 논문일 것이다. 그에게는 비교교육학에 새로운 연구방법을 포함하지 않았다. **"**보다 적절하고 날카로운 질문으로부터 시작되는 종속적 사회연구방법을 적용하는 것만**"14)**을 내세웠다. 이러한 방법은 교육내적 분석(intra-educational analyses), 즉 교육 자료(예를 들면 국가 간 교육과정의 차)에 국한된 연구에 적용되거나 아니면 교육—사회분석(educational-societal analysis), 즉 다른 사회에서 나온 동등한 자료의 관점에 흥미를 가지는 주어진 사회에서 교육의 문제와 결정인자에 관한 연구에 적용될 수가 있다. 비교교육학은 여러 교육제도의 구조, 운영, 목표, 방법, 성취도에 관한 문화 간의 비교와 이들 교육제도와 그 요소의 사회적 관련성에 관한 문화 간 비교로 정의된다**15)**고 **Anderson**은

---

12) Anderson, C. A., The Utility of Societal Typologies in Comparative Education, iii *Comparative Education Review*, 1959. pp.20-22.
13) Anderson, C. A., Sociology in the Service of Comparative Education, *International Review of Education*, ⅴ. 1959. pp.310-319.
14) Anderson, C. A, Methodology of Comparative Education, *International Review of Education*, ⅶ, 1961. p.1.
15) Anderson, C. A, Methodology of Comparative Education, *International Review of Education*, ⅶ, 1961. p.4.

썼다.

　이러한 비교교육학의 정의를 실제 연구에서 추구하는 가운데 **Anderson**은 비교국가적 자료를 사용해서 교육과 사회 간의 관계성을 분석하는 방법에 강조점을 두고 또 모델과 유형(**typologies**)의 구성의 필요성을 강조하였다. 접근법의 개별화와 일반화, 개별 사례의 독특성 탐색과 여러 사례들 중의 형태나 규칙성의 추구 사이에서 생기는 긴장을 인정하면서 **Anderson**은 후자－교육과 사회 사이의 기초적 일반적 관계성의 탐색－의 측면에서 비교교육학의 코스를 보았다. 그에게 있어 비교교육학은 "교육적 특성들 간의 상호관계에 관한 복잡한 체계와 이들과 사회구조의 특성－우리의 자료가 나온 사회의 개별적 독특성을 별로 참조하지 않으면서－사이의 상호 관계성에 관한 복잡한 체제"16)를 다뤄야 했다. 특히 교육 체계의 산출이나 생산에 더 많은 주의를 기울여야 한다고 그는 믿었다. 예를 들면 그는 교육의 여러 수준에 있는 학생 수의 증가에 관한 통계를 교육 기회의 확대를 보여주기 위하여, 또 교육의 발전을 주장하기 위하여 흔히 사용되었다고 그는 주장하였고, 그렇지만 사실상 이 통계가 참여자에 대한 학교 수용의 영향에 대하여는 별로 밝혀주는 것이 없다고 주장하였다. **Anderson**은 교육의 의도한 산출이나 목표에 대한 정의와 여러 사회에서 그것들의 성취도 범위의 측정을 촉구하였다. 그는 이렇게 쓰고 있다.

　　우리는 성취도에 관한 엄격한 문화 간의 측정을 보장할 수 있는 방법을 발견해야 하고, 교육과정이나 교수방법에 대한 정보를 해석하기 전에 비교 가능한 집단을 확보하는 방법을 발견해야 한다. 단지 우리가 자료를 확보할 수 있는 때에만 우리는 정치행위, 경제적 생산, 또

---

16) Anderson, C. A, Methodology of Comparative Education, *International Review of Education*, vii, 1961. p.6.

는 여가 활동에 대한 학교의 영향력을 확인하는 일에 접근하기 시작
할 수 있다.17)

광범한 기능적 접근을 지지하는 데 있어서 가설의 형성, 모델과 유
형학(typologies)의 활용, 사회과학의 다른 분석적 도구의 적용은 필수
불가결이다.

교육체계의 산출에 관한 연구에 대한 **Anderson**의 관심에 대하여는
수개국에 있는 교육연구센터의 대표자로 구성된 1950년대 후반에
Hamburg의 사회과학자 집단에 의하여 검토되었다. **Anderson**과 마찬가
지로 이들도 학생성취도에 의하여 학교 체제의 성취도를 측정하는 문제
에 관심을 가졌고, 또 경험적 연구를 통해서 성공이나 실패와 관련된 요
인들을 탐구하는 문제에 관심을 가졌다. 예를 들면 1958년 **Foshay**는 어린
이들의 지적 기능의 발달에 관한 비교국가적 수직적 연구(cross-national
longitudinal study)를 제안하였고, **Bloom**은 수학성적성취도에 관한 연
구를 위한 계획을 발표하였다. 실제로 12개국의 13세 어린이 1만 명을
포함하는 **Foshay**가 연구 조정하는 소규모 탐색연구(pilot study)가
1959년에 착수되었다. 이 연구에는 독해, 수학, 과학, 지리, 비언어적 능력
의 검사가 포함되었고 이 연구들은 비교 국가적 접근의 실현 가능성과 잠
재 가능성에 관한 연구자들의 만족감을 보여 주었다. 이어서 **IEA** 위원회
가 12개국 각자의 교육연구센터를 대표하면서 구성되었고 보다 야심에
찬 수학 성적에 관한 12개국 연구로 발전되었다. 이어서 1969년에 비영리
적 비정부 조직으로서 국제교육성취도평가회(International Association
for the Evaluation Educational Achievement)의 결성이 있었고 더 발전
된 국제 연구를 위한 계획이 세워졌다. 이들 각각의 우선적 목적은 유용

---

17) Anderson, C. A, Methodology of Comparative Education, *International
Review of Education*, vii, 1961. p.10.

한 일반화가 도출되리라는 희망을 갖고 "사회적, 경제적, 교육적 영역에서의 적절한 투입(input) 요인들과 인지적 비인지적 결과의 양자를 측정하는 국제적 검사에 의하여 측정된 산출(out put) 사이의 관계성"[18]을 연구하는 것이었다. 확실히 이 국제평가회의 업적은 비교교육의 괄목할 만한 성장을 보여 주었고, 또한 **Anderson**과 **Noah**와 **Eckstein**의 업적과 마찬가지로 향상된 경험적 방법과 재량적 방법의 발전의 기반이 되었다.

독자 여러분이 지금까지 논의해 온 비교교육학의 여러 상이한 접근법들을 생각해 볼 때 아마 여러분은 이 분야의 기본적 방법론에 관한 일반적 합의가 없다는 것을 충분히 알게 되었으리라 믿는다. 일반적으로 사회과학의 성장과 일치하여 보다 전통적인 역사적 철학적 방법으로부터의 변화가 일어났고 1960년대에는 보다 발전된 방법론을 주장함으로써 심각한 논란이 일기 시작하였다. 그러나 관련된 대부분의 사람들은 방법론의 문제에 관한 대치의 단계를 넘어서 화합과 협동의 단계로까지 나아가기도 하였다. 그리하여 **Brian Holmes**는 비교교육학을 예견력을 주는 이론을 산출하는 과학으로 일반화할 수 있다고 보고 "다양한 교수, 연구방법을 위한 여지가 있고 교사들은 그들에게 가장 마음에 드는 방법을 거침없이 선택할 수 있으며 훈련과 경험에 의하여 그럴 만한 준비가 잘 되어 있다"[19]고 **Holmes**는 썼다. 사실상 1960년대를 특징짓는 개념의 혼동으로부터 나타난 것은 교육연구에 적절한 몇 개의 학문의 보완적 역할에 대한 인식의 발전이다. 문제는 어떤 특정 접근이 유일한 하나의 받아들일 수 있는 또는 "최선"의 방법이냐가 아니라 어떤 방법이 특정 문제에 가장 타당한 해답을 주느냐 하는 것이다. 어떤 문제는 아마 경제학자의 지식과 기술을 요구할지도 모르고 또 다른 어떤 문제

---

18) Postlethwaite, T. N., Introduction, *Comparative Education Review*, 2, 1974. p.158.

19) Holmes, B., Comparative Education in Deighton, L. D., *The Encyclopedia of Education*, vol.2, Macmillan, New York, 1971. p.260.

는 사회학자나 역사가 한쪽에 의하여 또는 협력에 의하여 다루어져야 할 것이다. 필수적으로 필요한 것은 특정 학문 분야의 강점과 한계점에 대한 인정이며 이들 학문에 맞는 과업의 설정이다. 그러나 이에 추가하여 이 모든 것은 다 비교의 문제와 함정에 대처해야 할 것이며 또 교육연구와 교육제도연구에 자기들의 학문을 사용해야 할 것이다. 특정 학문 분야의 전문가가 흔히 빠지기 쉬운 약점이 여기에 있는데 우리는 비교교육학에 있어서 전문가가 필요하다는 것을 알 수 있다. 이 전문가는 학문적 배경의 필요한 범위를 교육체계에 관한 지식과 비교방법의 도구와 결합시키는 Bereday형에 있는 사람이거나 아니면 적절한 다른 방법을 가지고 협력적 배열을 하는 후자(교육학 쪽)의 강점을 가지고 있는 사람들이다.

어떤 경우에나 교육 또는 교육과 사회 사이의 많은 문제는 다차원적이어서 단지 한 학문 분야의 개념과 방법을 통해서 적절하게 충분히 이해할 수 없을 것 같다. 그러므로 대부분의 지도적 위치에 있는 비교학자들이 다학문적 또는 학제적 팀 접근의 개발을 촉구해 왔다는 것을 알면 놀라울 게 없다. 이렇게 하는 동안에 비교학자들은 교육 이슈나 문제의 복잡성뿐만 아니라 사회현실을 기술, 분석, 해석하는 여러 다른 방법의 정당성까지도 인정하였다.

그렇지만 타협적인 기운을 너무 강조해서는 안 될 것이다. 이것은 마치 궁극적 진리를 자지고 있다고 자신하는 정치적 집단이나 종교적 집단의 태도와 같다고 할 수 있지만 역사나 시대, 정의와 같은 것이 단지 그 일면에 불과하다고 주장하는 여러 측면의 다른 사람들과 협동할 준비가 되어 있어야 한다. 그래서 Noah와 Eckstein은 비교학자들이 인문주의자의 관심과 기법을 포기하는 것을 원치 않았지만 비교교육학의 장래는 사회과학내에 존재한다는 입장을 아직 분명히 하고 있다. 또한 "철학자, 사회학자, 역사가, 경제학자, 자연과학자, 통계학자, 언어학자, 정치학자 등 각자가 교육과학에 기여하기 때문에 비교교육학 분야가 계속해서 이들의 관심을 끌기”20)를 Holmes는 희망한다. 여기서 “과학”은 넓은 의미로 지식 또는 진리추구활동이라 할 수 있으나 확실히 어떤 철학자와 역사가, 언어학자는 자신들이 빠져들고 있는 것을 알고 싶어 할 것이다.

이와 마찬가지로 다양한 공헌하는 학문분야에 대한 비교교육학의 계속적인 개방으로 그 자체의 정체성에 대하여 의문을 제기하게 되었다. 예를 들어 만일 비교문화적으로 고려되는 교육에서의 특정 문제가 한 학문 분야 또 몇 개의 학문 분야의 협동적인 체계로 최선의 해답을 얻을 수 있다면 우리는 어떻게 비교교육학을 한 학문으로 또는 당연히 한 연구 분야로까지 발전시킬 수 있겠는가? 현재로서는 이런 질문에 답하는 데 적어도 세 가지 방법이 있을 것 같다. 첫째는 비교교육학이 그 자체의 방법, 즉 비교방법을 가지고 있는 당연한 하나의 학문이라고 주장하는 것이다. 이것은 이미 언급한 바 있는(제1장) 낡은 고정관념(old stereotype)에 반대하는 하나의 반응으로 생각된다. 이것은 1960년에 Foster가 다음과 같이 쓴 바와 같다.

> 비교교육학자는 더 발전된 사회과학에 의하여 자주 수집된 이질적인 자료의 조정자(coordinator)이고 이차적 분석자(secondary analyst)가 되는 경향이다. 실제로 이런 의존성은 예를 들면 경제학, 사회학, 사회인류학과 같은 광범하고 다양한 학문에 대한 비교적 표면적인 지식을 갖도록 고무하고 비교적 더 높은 정도의 일반화를 잃고 불완전한 관찰을 고무하게 된다. 교육제도에 대한 단순한 기술보다는 비교분석을 전문화하는 특정 학문적 접근의 필요성이 명백해진다.21)

---

20) Holmes, Comparative Education, p.361.
21) Foster, P., Comparative Methodology and the Study of African Education, *Comparative Education Review*, iv, 2, 1960. pp.110-117.

우리가 이미 살펴본 것처럼 지난 10~15년 동안 비교교육학의 많은 활동을 비교교육 자체의 생명력 있는 방법론을 추구해 왔는데 이것은 흔히 점점 더 다듬어진 비교방법의 체계 내에서 다른 학문들을 활용한다는 것을 의미한다. 그래서 Bereday는 비교를 쉽게 하도록 설계된 일련의 단계로 된 체계 내에서 학문 교차적 접근을 제시하였고, Holmes는 여러 학문이 기여할 수 있는 문제해결적 체계를 고안해 낸 것이다. Noah와 Eckstein도 또한 필요한 사회과학의 체계를 대표한다고 믿는 특별한 순서의 단계를 만들어 냈다.

비교교육학을 한 학문, 또는 연구 분야로 어떻게 발전시킬 수 있느냐는 질문에 대한 두 번째의 해답은 정반대의 견해(opposite view) 비교교육학은 하나의 독립된 학술분야 또는 학문으로 정당화될 수 없다는 견해를 보인다. 비교라는 것은 기성학문 분야의 연구자들이 때때로 사용하는 하나의 단순한 절차에 불과하다는 것이다. 가장 적절한 충고가 있다면 학자나 교사들이 그들의 특정 학문 분야의 주류에 철저하라는 것이며, 또 필요하다면 비교방법을 포함하여 교육에 적용할 수 있는 것은 무엇이나 적용하라는 것이다. 비교교육학이 하나의 학문으로 받아들여질 만한 분명히 정의된 기반을 가지고 있지 못하고 모든 종류의 접근법들을 주워 담기 위한 바구니와 같다는 면에서 보면 이러한 관점의 논리는 아주 호소력이 있다. 그러나 말하자면 사회학이나 경제학, 역사에 종사하는 사람들은 교육의 비교연구에 체계적이고 계속적인 주의를 기울일 것이라 생각된다. 경험에 의하면 이것은 그럴 것 같지 않다. 뿐만 아니라 연구와 탐구는 항상 전통적 학문 또는 계승되어 온 학문으로 제한될 것이고, 훨씬 다른 처지를 요구하는 새로운 영역이나 분야가 생기지 않을 것이라고 가정하는 것이다. 그러나 중요한 것으로써 우리가 이 비교교육 분야가 오랜 동안 우리 주변에 있었을 뿐만 아니라 매우 활발하고 번성하고 있다는 것을 분명하게 보여줄 때 현존 상태로부터 벗어나서 비교교육학을 정의하려는 시도라 할 수 있다. 확실히 비교교육학은 정체성의 문제를 갖고 있지만 이 문제들은 다 성장과 변화, 쇄신의 문제이다.

이것은 교육에서 국제적 또는 문화교차적 연구에 대한 계속적인 필요성과 그 가치가 인정된다는 주장과 이를 위해서는 다양한 배경을 가진 연구자의 노력을 함께 하나의 광범한 관심영역으로 집중시켜야 할 필요가 있다는 주장을 하면서 세 번째 방법의 해답을 해야겠다는 시사를 해 준다. 이런 연구에의 참여자들은 자신들의 기본학문 분야에서 일하지만 교육에, 특히 그 문화교차적 차원에 공동개입을 하고, 비교문제와 방법에 공동관심을 갖는다. 이 광범한 관심영역 내에는 여러 수준(기술수준, 분석수준, 해석수준)에서 엄격하고 지속적인 탐구의 여지가 많다. 또 여러 종류(지역연구, 특정 문제의 사례연구, 비교연구)의 탐구에 대한 여지도 있고, 각각 다른 여러 목적(학생에 대한 광범한 교육적, 문화적 시야, 비교국가적 자료를 사용하여 교육과 사회 간의 관계에 관한 가설 검증, 교육문제를 해결하기 위하여 설계된 정책 대안의 제공)을 지향하는 탐구의 여지도 있다. 개인적으로 또는 팀을 구성하여 일하는 광범한 기술을 가지고 있는 기여자들을 위한 여지가 남아 있고, 비교방법에서 반복되는 문제에 대한 계속되는 연구를 위한 여지가 남아 있다고 계속 이어질 수 있다.

미래를 전망해 보면 이 비교교육 분야는 광범하게 열려 있을 것 같지만 그 광범한 목적은 개인 연구자와 국가에 더 적절한 분야가 될 수 있다는 의미가 된다. 예를 들면 대부분의 많은 학생들에게는 공식적인 교육구조와 실제에 대한 지식과 통찰을 제공해 줄 뿐만 아니라 교육 구성의 한 부분이 되는 다른 문화와 전통에 대한 지식과 통찰을 제공해 주어 자기 나라와 다른 나라의 교육제도에 대하여 많은 이해를 증진시킬 수 있는 중요한 가도가 될 수 있다. 이렇게 해서 학생들과 교사들은 자기 나라 국경을 넘어서 세상을 보도록 격려를 받고 또 다른 사회에 관한 광범한 지식과 관심을 발전시키고 또 자기 나라 사회에 대한 편협한 관점과 민족우월사상적 관점을 줄일 수 있도록 고무될 것이다. 지역연구나 특정 문제에 대한 사례연구는 이러한 발전의 출발점이 될 것이다.

물론 많은 학생들이 입문단계를 뛰어 넘어 앞으로 나아가지 않겠지만 뛰어 넘어 더 공부해 나갈 사람들은 여러 가지 다른 강조를 제시해 주고 각각 다른 연구방법을 요구하는 다양한 대안들과 만나게 될 것이다. 어떤 학생들은 특정 사회의 교육과 문화에 흥미를 갖게 될 것이고, 또 언어지식과 장기간의 방문, 연구를 통해서 깊이 개입되게 되고 특정 사회의 교육과 문화에 대하여 깊이 알게 될 것이다. 어떤 사람들은 아마 교육과 경제 체제, 정치 체제, 종교 체제의 관계에 대하여 흥미를 갖게 되기도 할 것이며, 또 이것을 특정한 사회 내에서 또 여러 사회들 사이의 비교연구 하고자 할 것이다. Noah와 Eckstein의 方法 또는 이들에게 독특한 어떤 것들은 여기서 유용한 출발점이 될 것이다. 그러나 다른 어떤 사람들은 최근 급속히 팽창하는 중등학교 학생 수, 또는 학교에 대한 더 많은 지역사회 참여의 요구와 같은 공통적 문제에 대한 여러 나라의 다양한 대처반응에 흥미를 가져 그들의 연구를 현대 역사가의 틀 속에 집어넣으려 하기도 할 것이다.

입문 단계를 뛰어 넘어 연구하고자 하는 어떤 사람들은 교육체계, 과정, 또는 사회와의 관계성에 관한 더 높은 지식을 발전시키도록 설계된 문화교차적 연구에 집중하는가 하면, 어떤 다른 사람들은 실질적인 또는 개혁적인 연구에 더 매력을 느끼기도 할 것이다. 그리고 이것이 또한 많은 교육 관계자와 국제기구의 주요 관심이 되기도 할 것이다. 정책결정자에게 정보를 제공해 주거나 이들에게 정책 대안을 제공해 주기 위하여 설계된 문제중심 연구와 정책중심 연구의 사례는 최근에 **King**에 의하여 잘 주장되었는데 우리는 **King**의 주장에 대하여 관심을 가지고 살펴봐야 할 것이다. 그러나 정책자문에 핵심적인 것은 예측이라는 곤란스런 문제인데 의사결정은 특정 정책 대안의 결과에 대한 있을 법한 정확한 예측으로부터 이익을 받는다는 것이 명백하기 때문이다. 여러 비교학자들 중에서도 **Holmes**는 특히 이 문제에 대하여 가장 진지하게 주의를 기울였다. 그리고 **Holmes**의 방법이나 다른 가설연역적 사고(**hypothetico-deductive thinking**)의 형식이 문제분석과 해결을 위하여 실천 가능한 모델을 제공해 주는지 알아보는 것은 흥미 있는 일이다.

비교교육학 분야의 광범한 목적에 비추어 보면 비교교육학의 다양성은 아마 피할 길이 없고 오히려 환영받아야 할 것이다. 다양성의 문제가 분열이 되고, 정체성과 합의된 목적의 부족이 되고, 때로는 표면적 절충주의가 되지만 이 문제를 인식하는 문헌과 이들 문제를 피하거나 극복하려는 진지한 시도를 하는 문헌에 많은 증거나 나타나고 있다. 만일 목적과 방법에 관한 논의가 비교연구를 진척시키는 데 참을성이 없는 사람들과 초심자들에게 훨씬 내적 성찰을 하게하고 동시에 혼동을 일으킨다면 이들은 이 분야의 성장에 필수적인 부분이었다. 물론 아직도 현존 방법을 다듬고 새로운 방법을 만들어 내도록 많은 일을 해야 하겠지만 비교교육학이 점점 더 성숙되고 있는 부분은 다양성, 특히 팀 접근과 특정 방법적 체계 양쪽에서 여러 학문들이 수행하는 상호 보완적 역할을 수용할 만반의 준비가 되어 있다는 점이다.

학문적 활동의 체계내에서 계량적 연구와 질적 연구의 기여, 인문학과 과학적 탐구의 기여, 이론적 관심과 실제적 관심의 기여, 지역연구와 문제연구의 기여, 여러 목적과 여러 집단에 지향하는 노력의 기여가 계속해서 비교교육학을 하나의 활발하고 도전적인 연구 분야로 만들 것이라 기대된다.

제8장
비교교육학의 교수학습을 위한 자료

제8장 비교교육학의 교수학습을 위한 자료

독자 여러분이 비교교육학의 여러 접근 법률에 대하여, 또 다양한 관심과 배경을 가진 공헌자들에 대하여, 이 분야의 비교국가적(crossnational) 성격에 대하여 심지어는 전 세계적 성격을 생각해 볼 때 교사와 학생들을 위한 정말 종합적이고 완벽한 자료목록을 제시함으로써 이 입문서의 결론을 맺는다는 것은 확실히 불가능한 일이다. 사실상 세계 제이차대전 이래 "지식의 폭발"과 "출판혁명"은 비록 제한된 자기의 전문적 교수와 연구 영역에서 일지라도 무엇이 출판되었는지 계속 알고자 하는 비교학자들에게 상당한 부담을 주었다. 예를 들면 자기 나라의 교육에 대해서는 물론이고 한 두 다른 나라의 교육에 대하여 계속해서 최신의 정보를 갖고, 일반적으로 비교교육학의 발전과 계속 접촉하고 지적 관심을 계속 유지한다는 것은 모든 시간을 바쳐야 할 하나의 직업임에 틀림없다. 이 분야에 대한 우리의 이해와 자료의 이용 가능성이란 측면에서 보면 우리가 우리의 동료 연구자들이 관심을 갖고 있는 각 나라에 관한 3, 4권의 기본 도서를 가지고 유용하게 결론을 맺을 수 있게 될 시점에는 벌써 많은 시간이 과거로 흘러가 버린다. 확실히 활자화된 참고문헌과 다른 출처자료의 개발은 모든 비교교육 교사를 위하여 필요하고도 중요한 과제이다.

아마 대부분의 참고문헌목록은 선정된 나라나 지역에 기초를 둘 것이고 특정의 주제나 문제에 관한 연구를 위하여 모든 목록을 망라하여 참조할 것이다. 그러나 이들 참고문헌들은 관심분야에 따라 아주 다양한 반면 일반적 또는 공통적으로 사용되는 어떤 기초 자료를 참작할 필요가 있다. 다음에 열거되는 목록은 완벽한 것은 아니지만 교사나 학생들로 하여금 비교교육학에 관련된 광범한 조직체, 출판물, 그리고 사람들을 접촉할 수 있도록 해 준다. 불행하게도 "문헌안내"가 매우 빨리 바뀌지만 여기에 제시된 것보다 더 자세하고 종합적인 목록을 필요로 하는 사람들은 다음 두 책이 특별히 가치가 있음을 알게 될 것이다. 먼저 *Comparative Method in Education*(비교교육방법)(Holt, Rinehart and Winston, New York, 1964)란 책에서 **Bereday**는 "자료(Resources)"에 관하여 3개의 장—이 중 두 개의 장에서 그는 미국내외 연구센터에서 연구와 교수에 대하여 논의하고 또 세 번째 장에서 그 당시 가능했던 주요 인쇄된 출처에 대하여 기술하였는데—을 할애하였다. 이 부분은 아직도 매우 유용하고 풍부한 정보를 제공해 줄 뿐만 아니라 비교교육 분야의 성장과 다양성에 대하여 실제적인 설명을 해 주고 있다. 또 하나의 다른 책은 **Bristow**와 **Holmes**의 *Comparative Education through the Literature*(문헌을 통한 비교교육학)(Butterworths, London, 1968)이다. 이 저자들은 서두에서 비교교육학을 가르치는 여러 접근법에 대하여 논의하고 나서 가르치고 있는 주요 범주의 각각을 위하여 영어로 된 광범한 자료를 제시하였다. 이 책들은 국내지역연구와 문화교차적 사례연구가 포함되었다. 다른 한 장은 비교교육학에서 상상적 저작의 위치에 대하여 다루었고 또 마지막 장은 도서관 이용방법과 연구에 대하여 논의하였다.

참고문헌목록과 안내, 초록도 귀중한 가치가 있지만 교사나 상급의 학생들이 우선해야 할 일 중의 하나는 자기 나라의 비교교육학회에 가입하고 **Geneva**의 국제교육국(IBE) 안에 있는 비교교육연락사무소

(Liaison Office for Comparative Education)와 접촉하는 것이다. 이러한 간단한 단계를 통하여 국내외에 있는 이 분야에 종사하고 있는 사람들과 연결이 이루어진다. 비교교육학회는 대개 학술대회와 발표회를 개최하고 소식(newsletter)(그리고 때로는 학술지(journal))을 발행하는 데 회원이 되는 것은 동료들과의 개인적 접촉을 위해서, 또 이 분야에서 진행되고 있는 것이 무엇인지 이해하기 위해서 아주 필수적이다.

비교교육연락사무소(The Office for Comparative Education)는 그 사무총장은 Anne Hamori(Palais Wilson, Ch-1211, Geneva 14, Switzerland)인데, 비교교육자의 학문 사회와 국제 비정부기관들과 접촉을 유지하는 특수 임무를 띠고 있다. 이 임무를 수행하기 위하여 IBE와 비교교육학회 세계총회(World Congress of Comparative Education Societies)의 공동 후원을 받아 *Newsletter*(소식)를 3월, 6월, 11월 세 차례에 걸쳐 발간하고 있다. 이 *Newsletter*는 대개 점점 증가일로에 있는 많은 국가적 학회와 지역학회의 활동에 관한 정보(그 사무국의 명칭과 주소를 포함하여), 비교교육자에게 관심거리가 되는 학술대회에 관한 사전 안내와 보고사항, IBE의 보고, 서평, 접수된 도서와 학술지 목록, 최근에는 여러 나라의 제도에 관한 기본 자료 목록의 시리즈를 담고 있다. 최근에 추가된 이 자료가 특히 도움이 될 것이다. 편집자의 논평처럼 "국가교육제도와 그 발전을 평가하고 이해하기 위하여 기초가 되는 정부방침과 그 결과인 법률을 정의해 놓은 기초 문서를 인식하게 되는 것은 필요불가결한 것이다."[1] 그래서 소련에 관한 문서부터 시작되었는데 이 *Newsletter*는 여러 다른 제도에서 시행되고 있는 기초 문서의 목록을 계속해서 제시해 주게 될 것이다.

---

1) *Newsletter*, World Council of Comparative Education Societies ii, 1, (1974). p.65.

IBE의 보고도 또한 많은 흥미를 끄는 것인데 그 이유는 교사들에게 중요한 정보 출처와 도움을 소개해 주기 때문이다. IBE는 결국 봉사 지향적 조직으로 최근에 발표한 보고에 의하면 그 실제 업무는 "교육자들이 일하는 데 유용한 자료에 관한 정보를 교육자들에게 제공해 주고, 교육자들로 하여금 이러한 자료를 얻을 수 있도록 도와주는 것이다."2) IBE를 이용할 수 있는 봉사활동의 몇 가지를 소개하면 다음과 같다.

(1) Computerized indexes(컴퓨터 색인목록): 여러 나라의 교육에 관한 선정된 주요 문서이다. 선정된 문서는 관련 국가 내에서의 정책 변화와 이에 따른 개혁과 혁신 과정과 관련된다. 이 문서들에는 교육자료정보센터(Educational Resources Information Center: ERIC)3)를 통해서 얻을 수 있는 자료는 포함되지 않는다.

(2) The Cooperative Education Abstracting Service(CEAS: 협동적 교육초록 서비스): 이것은 각국에서의 중요한 정책문서에 관한 아주 긴 해석으로 된 초록을 제공해 준다. 매년 10~20의 새로운 문서가 각 나라에 추가되고 있다. 나라의 현황(country profile), 즉 "각 나라의 교육제도에 대한 일종의 초록"이 루스리프식(loose leaf form, 장부 따위의 페이지를 마음대로 뺐다 끼웠다 할 수 있는)으로 이용할 수 있고 정기적으로 새롭게 고쳐진다(up-date).

(3) The Series of International Reports on Education (SIRE) Project(교육에 관한 국제보고 시리즈 프로젝트): 이것은 국제학술대회를 위하여 준비되었지만 널리 보급되어 이용되기 어려운 논문과 자료의 마이크로피체(microfiche) 복사물의 준비배열이다.

(4) Select bibliographies(발췌참고문헌목록): 기원은 IBE의 Bulletin

---

2) *Newsletter*, i, 1(1972). pp.21-25; i, 4(1973). pp.32-42; ii, 1(1974). pp.15-29.
3) 이 章 끝 부분의 ERIC을 보라.

이었으나 새로운 계간, *Educational Documentation and Information Bulletin*(교육기록정보지)이 되었는데 선정된 주제에 관한 국제적 참고문헌의 발췌(약간의 주해와 함께)를 제공하기 위하여 계획되었다. 예를 들어 1974년도 참고문헌목록은 중등학교 교육과정의 혁신, 동구사회주의국가에 관한 조사, 취학전교육, 비형식적 교육(nonformal education)과 같은 주제별로 발행되었다.

(5) Case materials(사례자료): 특히 프로젝트나 실험, 개혁이 국가적으로 중요하고 국제적으로 의미 있는 것으로 보이는 경우의 교육혁신 사례자료이다. 이들 자료는 *Experiments and Innovation in Education*(교육실험과 혁신)이라는 시리즈 타이틀 아래 나타나는데 예를 들면 No.6 *A Community School in Yugoslavia*(유고슬라비아의 지역사회학교)(S. Bezdanov): No.7 *The Basic Secondary School in the Countryside: A Cuban Educational* Innovatin(시골지방의 기초중등학교: 쿠바의 교육혁신)(M. Figueroa, A. Prieto, R. Gutierrez), No.9 *Innovation in Singapore*(싱가포르의 혁신)(R. Wong) 등이 포함된다. 시간이 흘러가면 필름, 슬라이드, 녹음테이프, 비디오테이프는 물론 인쇄 자료를 포함한 다종매체자료가 제공되길 기대한다.

뿐만 아니라 IBE는 "정보교환을 위한 전 세계 망을 발전시킬 목적으로" 5대주의 약 30개의 교육자료센터와 정기적인 실무관계를 유지하고 있다. 자료센터의 국제안내목록의 준비는 이미 잘 마련되었다.

IBE는 1976년까지 국제적 자료은행으로서 효율적으로 운영되길 기대하였다. 그때까지는 그 정보수집 기능이 컴퓨터 처리와 시청각 자료의 발달에 의하여 향상될 것이라 기대되었으며, 학술대회와 프로젝트에 대한 지속적 후원을 통해서 반성적 사고과정과 비교연구를 고무시키려는 IBE의 과업이 잘 진행될 것으로 기대되었으며, 또 이 기구의 정보보급 서비스가 완전 가동되어야 한다고 기대되었다. 비교교육학을 연구하고 가르치는 센터와 개인 교사가 **IBE**와 연관을 맺는 것은 확실히 아주 중요하다.

지역연구로부터 점점 더 복잡해지는 비교국가적 연구, 문제연구나 주제연구로 우리가 교수에서 흔히 보고 있는 진행으로 더 구체적으로 이동해 나갈 때 유용한 자료의 출처를 단순한 범주로 묶는 일은 매우 어렵다. 실제로 여러 상황에서 상당히 많은 자료를 사용할 수 있다. 이런 이유 때문에 여러 가지 다양한 목적을 위한 정보를 제공해 줄 수 있는 많은 일반적 출처와 비교교육학에 종사하는 사람들이 그 출처로부터 적절한 선택을 할 수 있게 해 주는 많은 일반적 출처를 열거하는 것은 아마 가장 도움이 될 것이다.

그러나 지역연구의 경우에 많은 사람들이 유용하다고 말하는 많은 입문교과서에 관심을 기울이는 것은 가능하다. "모든 것을 다 말해 주는" 단행본의 시대는 비교교육학 분야에서 사라진 지 이미 오래됐지만 다음 교과서들은 기초입문서로서 널리 증명된 것들이다.

(1) J. S. Cramer and G. S. Browne, *Contemporary Education, a Comparative Study of National Systems*(현대교육: 국가제도의 비교연구)(Harcourt, Brace and Jovanovich, New York, 1965).

국가교육제도의 성격과 발전에 대한 영향에 대하여 논의하고 나서 **Cramer**와 **Browne**은 현존하는 아주 다른 교육형태를 설명하기 위하여 선정된 국가의 학교에 대한 행정, 통제, 재정에 대하여 살펴보았다. 미국, 오스트레일리아, 프랑스가 대체적으로 지방, 주, 국가수준의 통제의 예시국가로 제시되었고, 캐나다의 몇 개 도(**province**)는 종파통제의 본보기로 제시되고, 소련은 특정정당에 의하여 통제되는 나라의 본보기로 언급되었다. 그 다음에 각각의 학제에 대하여 "운영면"에서 기술되었는데 여기서 저자들은 교사의 신분과 현재 제도가 당면한 문제점에 대하여 논평을 첨가하면서 취학전, 초등, 중등, 직업, 고등, 성인교육에 대하여 논의하였다. 이 책의 마지막 부분은 일본, 중공, 인도의 교육발전에 대하여 할애되었다. 1965년도에 발행된 이 책은 그 책 이름이 시사하는 "현대교육(Contemporary Education)"을 더 이상 기술하지 못했지만 시간이 흘러감에 따라 추가자료에 의하여 최신으로 새롭게 꾸며진다면 초보자에게 아직 매우 도움이 될 것으로 믿는다.

(2) I. N. Thut and D. Adams, Educational Patterns in Contemporary Societies(현대국가의 교육형태)(McGraw Hill, York, 1964).

이 책은 3부-1부는 대표적 서구형태(스페인, 독일, 프랑스, 영국, 소련), 2부는 대표적 동양형태(중국과 일본), 3부는 신생형태(라틴아메리카, 인도, 중 아프리카)-로 구성되었다. 각 사례연구에서 중심적인 논의는 학교의 사회적 역할, 행정통제형식, 교육기관과 프로그램의 성격과 형태, 교육의 기회균등 문제에 쏠리고 있다. 이들의 공통적 관심은 독립적 연구를 통해서 맥을 통일시키려 하고 가능한 비교를 위하여 초점을 맞추려 하고 있다.

(3) Carlton Beck(ed), Perspectives on World Education(세계교육의 전망)(Brown, New York, 1970).

이 책은 초청된 학자들에 의하여 쓰인 44개국 교육에 대한 글을 모은 것인데 이들 각자에게 "만일 다른 나라에서 온 지성적인 비전문인이 (1) 당신 나라의 역사의 핵심에 대하여, (2) 현존 교육에 대한 기술, (3) 예견되는 장래의 교육의 모습에 무엇이 가장 많은 영향력을 끼칠 것이라고 생각하는지에 대하여 말해 달라고 요청한다면 당신은 이들에게 뭐라고 말해 주겠습니까?"라고 질문에 답하는 글을 쓰도록 하였던 것이다. 이 글들은 지역-유럽, 아시아, 중동, 북아메리카, 라틴아메리카, 아프리카에 따라 배열되었는데 각 지역을 다룬 부는 그 지역에 관한 전반적인 글로 소개되었다.

(4) E. J. King, *Other Schools and Ours*(다른 나라의 학교와 우리나라의 학교)(Holt, Rhinehart and Winston, 5th edn., London, 1979).

이미 최근에 5판이 출판된 이 유명한 책에 많은 주의를 끌었는데 우리는 이 책이 7개국의 교육 사례연구에 부가하여 오늘날 비교교육학의 발전에 대한 **King**의 평가를 포함하였다는 점에 주의를 기울여 왔다.

한 교과서에서 7개국 교육지도에 관한 연구를 다루었다면 확실히 그 내용을 다루는 폭과 깊이에 한계점을 가지고 있다. 그래서 많은 교사들이 선정된 국가나 지역의 교육에 대하여 보다 상세한 연구를 할 수 있게 하는 여러 시리즈의 출현을 환영하였다. 가장 광범한 시리즈는 "○○국의 학교, 사회, 발전(schools, Society and Progress)" 이라는 제목 아래 **Edmund King**이 편집한 **Pergamon** 출판사 시리즈 이다. 현재까지의 각 권의 이름은 다음과 같다.

C. W Dixon, *Society, Schools and Progress in Scandinavia*(1965).

W. D. Halls, *Society, Schools and Progress in France*(1965).

E. J. King, *Society, Schools and Progress in the U. S. A.* (1965, 1970).

L. J. Lewis, *Society, Schools and Progress in Nigeria*(1965).

G. Baron, *Society, Schools and Progress in England*(1966).

P. H. Partridge, *Society, Schools and Progress in Australia*(1968, 1973).

J. Sargent, *Society, Schools and Progress in India*(1968).

C. S. Tsang, *Society, Schools and Progress in China*(1968).

N. Grant, *Society, Schools and Progress in Eastern Europe*(1969).

J. Katz, *Society, Schools and Progress in Canada*(1969).

A. F. Kleinberger, *Society, Schools and Progress in Israel*(1969).

W. A. Dodd and J. Cameron, *Society, Schools and Progress in Tanzania*(1970).

J. J. Figueroa, *Society, Schools and Progress in the West*

Indies(1971).

R. P. Paulston, *Society, Schools and Progress in Peru*(1971).

　다시 말하지만 각 권은 그 나라의 특별한 문화 상황 속에서 교육제도의 연구가 되기를 기여하지만 대체적인 체계는 다음에 이어지는 비교를 촉진시키도록 되었다.

　"World Education Series(세계교육시리즈)"라는 이름 아래 영국에서 두 개의 다른 시리즈가 더 출판되었는데 하나는 Routledge와 Kegal Paul에 의한 것이고 다른 하나는 David와 Charls에 의한 것이다. 첫 번째 시리즈는 Brian Holmes가 편집하였는데

　　L. Gale, *Education and Development in Latin America*(라틴 아메리카의 교육과 발전)(1969) and R. F. Price *Education in Communist China*(중공의 교육)(1970).

이 포함되었다. 두 번째 시리즈에는 다음과 같은 책들이 포함되었다.

　　J. J. Tomiak, *Education in the Soviet Union*(1972).
　　M. J. Moore-Renvolucri, *Education in East Germany*(1973).
　　J. C. Dakin, *Education in New Zealand*(1973).
　　P. E. Jones, *Education in Australia*(1974).
　　I. R. Findlay, *Education in Scotland*(1974).

　만일 이 책들이 학생들에게 가치 있는 출발점을 제공해 준다면 우리는 이제 모든 수준의 교사와 학생에게 자료를 제공해 주는 다른 출처에 대하여 주의를 기울일 수 있다. 물론 모든 특별한 연구와 관심을 위하여 다 자문을 해 주는 출처를 열거한다는 것은 불가능하지만 적어도 우리는 일반적으로 또 반복해서 사용할 수 있는 것을 몇 가지

를 지적할 수 있다. 그리고 여기서 강조점은 개인적이고 구체적인 책이나 학술지의 논문이 아니라 정보의 出處에 주어진다.

예를 들면 우리는 여러 종류의 국제조직과 기구를 통해서 이용할 수 있는 자료를 알아둘 필요가 있다. 다음 5개 조직과 기구를 예로 들고자 한다.

(1) United Nations Educational, Scientific and Cultural Organisation(UNESCO: 국제연합교육과학문화기구)

우리는 이미 1969년 이래 UNESCO의 한 부분이 되고 비교교육자들에게 특별한 관심을 끌어온 IBE의 활동에 대하여 언급한 적이 있지만 UNESCO 자체가 30년 이상 동안 국제교육에 있어서 중요한 세력을 가지고 있었다. UNESCO의 주요 세 기능은 (1) 주요 발표회, 전문가 회의, 자문 봉사, 여러 종류의 프로젝트에 대한 지원을 통해서 교육과 과학 분야에서 국제적 협력을 자극하고(stimulating international cooperation), (2) 발전도상국(developing countries)에서의 교육계획, 교육과정 구성, 교사교육, 학교 건물에 관한 조장 활동을(promoting activity)하고 (3) 교육차별, 인종차별, 인권인정의 실패와 같은 문제에서 소위 도덕적 활동(moral action)을 취하는 것 등이다.

UNESCO의 프로그램과 간행물에 관한 자세한 것은 회원국의 문교부, UNESCO 본부(주소는 Place de Fontenoy, Paris 7e France), 또는 특정국에 지명된 기구(예를 들면 UNESCO Publishing Center, 317 East 34th St., New York 10016, 또는 H. M. S. O. Stationary Office, P. O. Box 659, London S. E. I. 그리고 Australian Government Printing Service Offices)로부터 알아볼 수 있다. UNESCO 지역사무소(UNESCO Regional Offices)의 간행물도 또한 관련지역－아시아, 아프리카, 라틴 아메리카와 카리브 해 지역, 아랍국들－에 특별한 관심을 가지고 있는 사람들에게 가치가 있을 것이다. 예를 들면 태국의 방콕에 있는 아시아

지역사무소(The Regional Office for Asia)는 년 2회 *Bulletin*을 발행하고 있으며 지역의 회합과 발표대회를 조직한다. 두 개의 비교적 최근호이며 보통 발행호의 *Bulletin*이 *Education in Asia*(1972, 아시아의 교육)에 관한 특별 번호를 매겨 발행하였는데 이것은 지역의 많은 수의 나라로부터 나온 보고서를 함께 묶어 놓은 것이며 또 하나는 First *Level of Education in the Asia Region*(1973, 아시아 지역의 제일수준의 교육)에 관한 발행이었다. 또 특정 주제를 다룬 조사·연구 보고서가 때때로 발행되었고 예를 들면 *Further Education of Teachers in Service in Asia : A Regional Study*, 1973(아시아의 현직교사의 계속교육: 지역연구), 어떤 때는 다른 국제조직과의 협력으로 연구가 이루어지기도 했다(예: International Association of Universities(국제대학협의회)와의 협력으로 이루어진 *Higher Education and Development in Southeast*(동남아시아의 고등교육과 발전)).

우리가 주의해서 보아야 할 두 개의 UNESCO 방계기구는 함부르크 교육기구(Hamburg의 Institute of Education)와 Paris의 국제교육계획기구(International Institute of Educational Planning: IIEP)이다. 교육기구(Institute of Education, 주소: 2 Hamburg 13, Feldbrunnenstrasse 70)은 비교교육학의 주요 학술지 중의 하나인 *International Review of Education*(국제교육평론)을 발행하고 있다. 이 기구는 국제교육성취도평가회(International Association for the Evaluation of Educational Achievement: IEA)의 프로젝트에 강력히 참여해 왔고, 또 좋은 연구와 참고문헌목록을 발행하고 있다. 두 개의 보기를 들면 C. Birzen의 *Education Research in Five European Socialist Countries: A Survey* 1970~1972(유럽 5개사회주의국가의 교육연구: 조사보고 1970~1972)와 T. Kobayash의 *Survey on Current Trends in Comparative Education*(1971: 비교교육의 최근동향)이다.

(2) Organisation for Economic Cooperation and Development(OECD; 경제협력개발기구).

OECD는 유럽의 전후복구를 돕고 특히 **Marshall Plan**에 의한 재원 배분을 목적으로 설립되었던 전신(1948) 기구인 유럽 경제협력기구 (**Organization for Europen Economic Cooperation: OEEC**)의 후계자로 1960년 **Paris**에 창설되었다. 그 명성에서 시사 받을 수 있는 것처럼 **OECD**의 주요 과제는 회원국의 가능한 최고의 경제성장과 고용, 생활 수준을 달성하는 정책을 수립하는 것과 보다 일반적으로 건전한 경제 확장과 세계 무역에 기여하는 것이다. 20여 참가국의 대부분이 유럽 국가들이지만 일본, 캐나다, 미국, 오스트레일리아도 회원국이다. 교육과 경제적 사회적 발전과의 관계성이 보다 더 밀접하게 연구되고 또 그 관계성이 인정됨에 따라 **OECD**는 회원국과 다른 나라들이 교육정책형성에 도움이 되는 프로그램을 개발해 왔다. 많은 활동과 연구프로젝트가 바로 현대의 개혁과 정책중심 비교교육학의 심장에 해당되기 때문에 **OECD**의 문헌에의 접근은 아주 중요하다.

OECD의 교육에 관한 활동은 *OECD at Work*(OECD의 활동)이란 시리즈의 특집에 나타나 있지만 간단히 말하면 다음 세 개의 주요 범주로 나누어진다.

(a) **Work of the Education Committee**(교육분과활동). 이것은 정책 계획의 광범한 문제, 자원배분과 활용, 교육의 주요구조변화에 관심을 갖는데 2, 3개의 잘 알려진 출판된 보고서 시리즈를 통해서 아마 잘 설명되고 있는 것 같다. 그중에 하나는 **OECD** 전문가들에 의한 회원국의 교육에 관한 조사연구를 담은 *Reviews of Educational Policy*(교육정책 비평)의 시리즈이다. 비교적 최근에 발행된 것에는 **Germany(1972).** **USA(1971), France(1971), Netherlands(1970), Austria(1970)**가 있다. 또 하나의 잘 알려진 시리즈는 보다 상세한 *Educational Policy and Pl-*

anning(교육정책과 계획) 시리즈인데 여기에는 예를 들면 Sweden(1967), Japan(1973)의 교육제도에 관한 연구가 있다. 지중해 지역의 회원국 — Turkey와 Greece — 은 OECD 내 "개발도상국"으로서 특별한 주의를 끄는 대상이었다. 또 많은 관심을 끈 비교적 최근의 프로젝트는 *Classification of Educational System*(교육제도의 분류) 시리즈였다. 교육 정보와 통계의 편찬을 위한 일치된 국제적 기반이 약해서 비교가 매우 곤란하게 된다는 것을 인정하고 OECD는 국가 단위로 수집된 자료를 공동적으로 제시하고 비교하기 위하여 재분류할 수 있는 "변환키(conversion key)"를 개발하였다. 정보는 교육이나 제도의 유형, 수학연한, 입학요건, 자격, 전일제 또는 정시제, 다른 정보에 의하여 열거되고, 몇 개의 교육제도를 각 출판물(권) 예를 들면 Finland, Germany, Japan (1972); Netherlands, Sweden, Turkey(1972); France, Norway, Spain(1972)으로 묶어서 다루었다.

뿐만 아니라 관심을 갖는 특별 영역별로 연구집단(study group)을 만들어 활동하였다. 교육경제학(Economics of Education) Study Group의 보고서가 아주 잘 알려졌는데, 다른 연구 집단들은 교육재정(예를 들면, 고등교육재정을 위한 회원국 정부에 가능한 대안, 중등교육수준의 교육비 증가요구요인), 교육성취도 지표 연구를 위한 개념과 조작적 체계와 같은 문제들을 검토하고 있다.

(b) Center for Educational Research and Innovation(CERI; 교육연구혁신센터). 이 센터는 3년간의 실험기간, 이제는 또 다시 5년 연장의 실험기간을 전제로 1968년에 창설되었는데 교육연구의 수행과 지원, 교육혁신의 탐색적 실험의 조장, 연구 혁신 면에서 회원국들 간의 협력 고무의 과업을 가지고 있다. 조사와 실험에 직접적으로 개입하면서 이 센터는 OECD의 기술적 운영적 오른팔이 되었다. 비교교육학에서 상당히 사용되는 자료를 산출해 온 주요 활동 영역에는 다

음 두 활동이 포함된다.

(ⅰ) 교육과 사회 간의 관계성에 연구 문헌 조사. 예를 들면 다음 두 연구가 있다.

A. Little and G. Smith, *Strategies of Compensation: a review of educational projects for the disadvantaged in the United States*(1971; 비교전략: 미국의 장애자를 위한 교육프로젝트 고찰)
T. Husén, *Social Background and Educational Career Research Perspectives on Equality of Educational Opportunity*(1972; 학력과 사회적 배경－교육의 기회균등에 관한 연구전망).

(ⅱ) 혁신연구. 여기에는 *Case Studies in Educational Innovation*(교육혁신 사례연구)라는 제목 아래 4개의 Volume이 1973년에 출판되었는데 Volume Ⅰ은 중앙기관의 혁신이고, Volume Ⅱ는 지역 수준의 혁신, Volume Ⅲ은 학교 수준의 혁신, Volume Ⅳ는 교육혁신전략이었다. 뿐만 아니라 중등교육 수준의 교수학습과정의 연구에서는 교육과정 개발자를 위한 훈련 과정과 실무 안내 핸드북과 *Curricula for the '80s and Onwards*(80년대를 위한 교육과정)이란 출판물을 만들어 냈다.

(c) **Special Project**(특별 과제). 이것은 건물의 효과적 사용, 관리, 혁신에 관한 특별 프로젝트이다. 이 프로젝트는 다선택학교(**multi-option school**)의 건물을 위한 시사, 산업체건물방식의 교육목적을 위한 적용가능성과 같은 문제에 관심을 가졌다.

많은 나라에 있는 **OECD** 자료 판매기관의 목록이 대부분의 **OECD** 출판물과 카탈로그의 표지에 포함되어 있으므로 구입가능하리라 생각된다. 그게 어렵다면 **OECD** 본부의 주소, 2, **rue Andre-Pascal**, 75775 **Paris, Cedex** 16를 이용하면 될 것이다. 하나 더 말할 것은 격월간의

*OECD Observer*인데 여기에 때때로 교육에 관한 논문이 실린다.

(3) The Commonwealth Secretariat(영연방장관회의)

1959년 6월 영국 Oxford에서 첫 영연방교육대회(Commonwealth Education Conference)가 열린 후 그해 12월에 영연방교육연락위원회(Commonwealth Education Liaison Committee: CELC)가 창립되었다. 독립회원 국가와 영연방의 종속영토의 대표로 구성되었는데 나중에 연방장관회 교육분과(Commonwealth Secretariat, Education Division)로 통합된 Commonwealth Education Liaison Unit의 서비스를 받았다. Marlborough House, Pall Mall, London S. W. 1의 주소에 본부를 두고 있는 교육분과(Education Division)는 연방회원국의 교육에 관한 귀중한 정보의 출처이다. 여기서 발행되는 출판물에는 다음 5가지가 있다.

(a) *Education in the Developing Countries of the Commonwealth-Abstracts of Current Research*(영연방 개발도상국의 교육－최근연구초록)(1970~71).

(b) 시리즈: *Education in the Commonwealth*(연방교육).

(c) 대회논문과 보고서－예를 들면 *Youth and Development in the Caribbean*(카리브 해의 청년과 교육), 1970; *Education in Rural Areas*(시골 지역의 교육), 1970.

(d) 자문논문－예를 들면, **W. A. Dodd**, *Teacher Education in the Developing Countries of the Commonwealth a Survey of Recent Trends*(영연방 개발도상국의 교사교육－최근 동향 조사).

(e) 뉴스레터, 대회보고서, 기타 프로젝트와 출판물.

이 조직의 활동은 영연방의 교육제도안내부와 교육학술지 조사, 교육과정개발초록, 교과서목록에 관하여 진행해 나아갔다.

(4) International Association for the Evaluation of Educational Achievement (IEA; 국제교육성취도평가회).

우리가 앞에서 발견한 것처럼 IEA의 발전과 활동은 비교교육학의 주요 성장점을 대표한다. 이 평가회의 배경과 목적, 과거의 프로젝트와 현재의 프로젝트에 관한 정보는 다음 세 자료에 잘 나타나 있다.

(a) T. Husén(ed.), *International Study of Achievement in Mathematics*(수학성취도에 관한 국제연구), vol.l, J. Wiley, New York, 1967.

(b) Comparative Education Review(비교교육평론), vol.18, No.2, June 1974. Neville Postlethwaite의 편집에 의하여 발행되는 이 책은 IEA의 활동을 위하여 할애되는데 327~329페이지는 1962~1974의 IEA 출판물을 열거하고 있는 데 도움이 될 것이다.

(c) *IEA Information Brochure*(IEA정보). Wenner-Grun Centre, Stockholm, 1970. 이 책자는 IEA를 포함하여 국가연구센터나 연구소의 명칭과 주소를 싣고 있다.

(5) The Council of Europe(유럽위원회)

이 조직은 회원국의 공동이익과 유럽의 단결을 위해서 활동하는데 이 조직의 교육소위원회를 통해서 이 목적에 맞는 프로젝트들을 후원하고 있다. 1949년 10개국으로 창설되어 이제 18개 회원국을 가지고 있는 이 유럽위원회(Council of Europe)는 프랑스 Strasbourg에 자리 잡고 있다. 이 기구는 1966년부터 회원국에 관한 기초 문헌목록과 초록의 대요(compendium)를 발행해 온 문서기록센터(Documentation Center)를 지원하고 있다.

지금까지 그 활동과 간행물이 비교교육학 연구와 관련되는 여러 국제조직과 기구에 대하여 언급하였으니 이제 우리는 우리 분야의 참고 자료의 출처에 보다 전형적인 목록으로 눈을 돌려보기로 한다. 이것도 한 번 더 이용 가능한 형태를 설명해 주는 목록을 제공해 주려는 목적이다. 참고문헌은 다음과 같이 나누어질 것이다.

(i) 문헌안내

(ii) 연감(보)과 백과사전

(iii) 학술지 목록

(iv) 정기간행물 색인과 초록

(v) 참고문헌목록

(i) 문헌안내

예: A. J. Burke and M. A. Burke, *Documentation in Education* (교육문서기록)(Teachers' College Press, Columbia University, New York, 1967).

이 책은 도서관 이용의 기본기술과 교육 정보의 소재, 교육 참고문헌 추적을 다룬다.

D. J. Foskett, *How to Find out: Education Researchal*(자료발견법: 교육연구)(Pergamon Press, Oxford, 1965).

교육 분야의 여러 형태의 간행물과 그 사용법에 대하여 설명.

W. K. Richmond, *The Literature of Education: a critical bibliography*(교육관계문헌: 비평적 문헌) 1945～1970(Methuen, London, 1972).

(ii) 연감(보)과 백과사전

The International Yearbook of Education(국제교육연감)(IBE, Geneva, 1933～1939, 1946－).

The World Yearbook of Education(세계교육연감)(Evans Bros, London and New York, 1932～1940, 1948～1974).

주어진 제목에 따라 초대된 설명식 소론으로 구성되었는데 *World Yearbook*(세계연감)은 오랫동안 비교교육자를 위한 주요 출처가 되어 왔다. 최근 발행 연감에는 다음과 같은 것들이 포함되어 있다.

1965 The Education Explosion(교육폭발), 1966 Church and State in Education(교육에서 교회와 국가의 관계); 1967 Educational Planning(교육계획); 1968 Education within Industry(산업사회의 교육); 1969 Examinations(시험); 1970 Education in Cities(도시의 교육); 1970/71 Higher Education in a Changing World(변화하는 세계의 고등교육); 1972/73 Universities Facing the Future (미래에 대비하는 대학); 1974 Education and Rural Development (교육과 지방의 발전).

교육 관계 학술지의 번창과 국제기구의 광범한 활동과 출판, 한 연구 분야로서 비교교육학의 집중되는 전문화로 인하여 여러 해 동안 별로 이용하지 않는 소수 참고문헌 중의 하나가 되었던 이 연감의 발행을 중단하기로 결정되었다. 이 연감의 마지막 권 후기에서 Holmes는 연감의 발전과 비교교육학에 대한 공헌에 대하여 열렬한 찬사를 썼다.

World Survey of Education(세계교육조사)(UNESCO, Paris 1955-). 이것은 아마 UNESCO 간행물 중 가장 잘 알려진 가장 자주 발행되는 하나의 책인데 지금은 네 권이 되었는데 IBE의 정보 서비스를 통해서 최신의 자료를 담고 있다. vol.1은 *Handbook of Educational Organisations and Statistics*(교육조직과 통계)(1955); vol.2. *Primary Education*(초등교육)(1958); vol.3. *Secondary Education*(중등교육)(1961); vol.4. *Higher Education*(고등교육)(1966)이 있다. 이 간행물은 일반조사와 200개 정도의 사례연구와 통계를 포함하고 있다.

(iii) 학술지목록

예: **W. L. Camp**, *Guide to Periodicals in Education*(교육정기간행물 안내)(Scarecrow Press, New Jersey, 1968).

Serials in Education in Australian Libraries: A Union List

(오스트레일리아 도서관의 교육 시리즈: 련합목록)(ACER, Melbourne, 1973).

(ⅳ) 정기간행물 색인과 초록

예: *Australian Education Index*(오스트레일리아 교육색인목록)(A. C. E. R., Melbourne, 1973). 3월에는 연호가 나오고 5월, 7월, 9월, 11월에 발행된다. 도서, 정기간행물, 팸플릿, 대회발표물, 보고서, 학위논문을 포함하여 모든 종류의 오스트레일리아 간행물로부터 추출되어 기재된다.

British Education Index(영국교육색인목록)은 100개 이상에 이르는 영국의 저널에 의존하여 季刊으로 발행되는데 일년마다 제본하게 되었다. 이것은 교육연구소(Institutes of Education)의 사서들에 의하여 편집되어 영국국립서지사위원회(Council of the British National Bibliography Ltd.)가 출판한다.

Educational Resources Information Centre(교육색인목록)−the H. W. Wilson Coy., New York. 이것은 영어로 쓰인 200개 이상의 학술지에 대한 누가적 색인목록이다.

Educational Resources Information Centre(ERIC 교육연구정보센터). 이것은 미국보건, 교육, 후생성(U. S. Department of Health, Education and Welfare)이 계획하여 현재 미국교육연구소(National Institute of Education)가 운영하는 정보체제이다. 이것은 보고서를 수집, 선별, 조직, 보급하고 주요 주제에 따라 문서의 복사물, 해설적 요약, 연구고찰, 문헌목록을 제공해 주고, 미국 전역의 많은 분산된 정보센터를 위해서 봉사한다. 여기에는 4개의 프로그램이 있는데 (a) *Research in Education*(RIE; 교육연구)−교육연구와 보고서의 목록과 초록; (b) *Current Index to Journals in Education*(CIJE; 교육저널의 최신 색인목록); (c) *Current Topics in Education*(교육에 관한 최신 주제)−위 (a)와 (b)에서 나온

특정 주제에 따른 계간; (d) *Special Collectionsis*(특별 문집)—예를 들면 *Pacesetter in Education*(교육의 선구자)—1966~1969 교육의 창의성 향상을 위한 프로젝트 개요이다.

구입하고자 할 때는 ERIC Document Reproduction Service, P. O. Drawer O, Bethesda, Maryland, 20014 U. S. A를 주소로 하여 마이크로피체나 복사물로 해서 받을 수 있다.

ERIC 기술의 Thesaurus(동의어·반의어 등의 사전)는 학술지 초록의 어떤 주제 찾기와 연결지어 사용되어야 할 것이다.

Research in Education(교육연구), Washington, D. C., U. S. Department of Education, Health and Welfare. 이것은 적절한 주제 영역의 연구자가 알려 온 교육연구의 개요를 열거하며 제공해 준다.

(v) 참고문헌목록

예: Australian Council for Educational Research-*Library Bulletin*(오스트레일리아 교육연구위원회—도서관보) 1969년 10월부터 오스트레일리아 교육에 관한 주제별 많은 문헌목록에 관한 목록을 제시해 준다.

G. Baron, *A Bibliographic Guide to the English Educational System*(영국교육제도에 관한 문헌목록안내)(London, 1965).

C. A. Brown, *Reports on Education A Revised List*(교육보고: 수정목록)(ACER, Melbourne, 1972). 보고서가 국가, 대상, 제목별로 열거된다.

C. A. Brown, *Bibliography of Australian Education from Colonial Times to 1972*(식민지 시대로부터 1972년까지 오스트레일리아 교육문헌목록)(ACER, Melbourne, 1973).

UNESCO, *International Guide to Educational Documentation*(교육 문서에 관한 국제 안내) 1955~60,(1963); 제2판 1960~

1965(1971).

이것들은 도서, 팸플릿, 미출판 발표물, 필름, 녹음자료가 다 포함된다. 이 책의 제Ⅰ부는 국제적 출처와 국제기구를 다룬다. 제Ⅱ부는 국가별로 조직되어 다양한 길이의 주해와 함께 완전한 문헌목록정보를 제공해 준다.

여러 색인목록에 열거된 많은 정기간행물들이 비교연구에 귀중한 가치 있는 자료를 포함하고 있지만 다음 세 학술지가 그 특별한 적절성 때문에 뽑아내어 살펴볼 가치가 있다.

The International Review of Education(국제교육평론). 1975년에 그 21권이 발행된 계간 IRE는 Hamburg의 UNESCO 교육기구(UNESCO Institute of Education)를 대신하여 독립적인 국제적인 편집위원회에 의하여 편집된다. 이것은 영어, 독일어, 프랑스어로 논문과 관련기사, 서평을 실어 발행하는데 다른 2개 국어로 주요 논문에 대한 초록도 싣고 있다. 이 책의 주문은 Martinus Nijhoff, Lange Martinus Nijhoff, Lange Voorhaut 9∼11, The Hague, Holland의 주소로 하면 된다.

The Comparative Education Review(비교교육평론)은 미국비교국제교육학회의 공식 학술지인데 1985년까지 29년의 연륜을 갖고 있다. 일년에 3회 발행되는데 논문, 서평, 논문평, 문헌목록, 진행 중인 학위논문 보고, 학술 발표회에 관한 소식과 보고를 싣고 있다. 사무장은 1975년도에 Thomas J. La Belle였는데 University of California, Los Angeles, 405 Hilgard Avenue, Los Angeles. California 90024, U. S. A.가 주소이다.

Comparative Education(비교교육)은 A. D. C. Peterson(Oxford)과 Edmund King(London), W. D. Halls(Oxford), Nigel Grant(Edinburgh)의 편집으로 일년에 3회 발행되고 있다. 1975년도 11권에서 이 저널은 광범한 관심 영역의 논문, 서평, 소식, 학술발표회와 비교교육학회

(Comparative Education Societies)에 관한 기사를 제공해 주고 있다. 출판사는 Carfax Publishing Coy., Hadden House, Dorchester on Thames, Oxford, OX98 J2, England이다.

비교교육학의 교사와 학생들을 위한 자료의 출처의 이 목록을 편집하면서 국제적 출처와 영어로 된 출처, 특히 미국, 영국, 오스트레일리아에 기반을 둔 출처에 주의를 기울였었다. 국가수준의 문교부나 교육사무소의 출판물의 참고문헌은 열거하지 못하였는데 이들 자료는 특정 국가의 교육에 관한 자료의 중요한 출처임에 틀림없다. US Office의 경우와 마찬가지로 다른 나라들도 물론 이와 같은 기구를 가지고 있을 것이다. 열거된 많은 참고문헌에 필적할 만한 다른 나라와 다른 언어로 된 비슷한 양의 많은 참고문헌이 있을 것이라고 말하지 않을 수 없다. 그러므로 독자 여러분은 자신의 상황이나 관심에 적절한 다른 자료들을 가지고 여기서 언급된 출처들을 보완해 주기 바란다. 비교교육학에서 엄격하고 생산적인 연구를 하기 위해서는 많은 技術을 요구한다는 것이 중요한 점이다. 그리고 이런 기술은 이 분야의 목적과 방법의 탐구와 관련되었을 뿐만 아니라 귀중하게 쓰일 수 있는 풍부한 자료의 수집과 처리와 관련된 것이다. 출처의 범위에 대한 인식과 문헌목록적 기술의 개발은 단지 하나의 출발점에 지나지 않는다.

사항색인

[ㅅ]

[ㅊ]

[ㅋ]

[ㅌ]

[ㅍ]

[ㅎ]

人名索引

● 역 자 소 개 ●

주삼환(朱三煥)

●약력●

서울교육대학 교육학과 졸업
서울대학교 교육대학원 교육행정 전공(교육학석사)
미국 미네소타 대학교 대학원 교육행정 전공(철학박사)
前 서울 시내 초등학교 교사 약 15년
　　한국교육학회 회원, 한국교육행정학회 회장(1999)
　　미국 오하이오 주립대학교 객원교수(2003~2004)
現 충남대학교 인문대학 교육학과 교수

●저서 및 역서●

『미국의 교장』(학지사, 2005)
『올바른 교육행정을 지향하여』
　　(한국학술정보, 2005)
『교육행정강독』(한국학술정보, 2005)
『질의 교육과 교육행정』
　　(한국학술정보, 2005)
『수업분석과 수업연구』(공저, 한국학술정
　　보, 2005)
『전환적 장학과 학교경영』(한국학술정보,
　　2005)
『교육행정철학』(역, 한국학술정보, 2005)
『미국교육행정』(역, 한국학술정보, 2005)
『입문 비교교육학』(역, 한국학술정보, 2005)
『교육의 질 향상을 위한 장학의 이론과 기법』
　　(학지사, 2003)
『교육행정 및 교육경영』
　　(공저, 학지사, 2003, 개정판)
『교육이 바로 서야』(원미사, 2002)
『역사적 전환시대의 한국교육』

　　(동문사, 2001)
『전환기의 교육행정』(성원사, 1996)
『학교경영과 교내장학』(학지사, 1996)
『교육행정 및 교육경영』
　　(공저, 삼광출판사, 1995)
『우리의 교육, 몸으로 가르치자』
　　(대교출판사, 1995)
『장학론』(공저, 한국교육행정학회, 1995)
『교육행정논단』(성원사, 1992)
『교육행정의 새로운 접근』
　　(공역, 양서원, 1992)
『새로운 세기의 교장과 장학』
　　(성원사, 1992)
『사회과학이론 입문』(공역, 성원사, 1991,)
『장학론』(공저, 한국방송통신대학, 1991)
『장학·교장론: 교육의 질 관리』
　　(성원사, 1990)
『지도자의 철학』(공역, 법문사 1989)
『교양 인간관계론』(공역, 법문사, 1987)

『교육행정사상의 변화』(한국학술정보, 2005)
『인간자원장학론』(공역, 배영사, 1987)
『장학론: 장학사와 교사의 상호관계성』
　　(역, 교육출판사, 1987)
『장학론: 선택적 장학체제』
　　(역, 문음사, 1986)
『교육행정연구』(성원사, 1985)
『장학론』(공역, 학문사, 1984)
『교육정책의 새로운 방향』
　　(역, 교육과학사, 1983)
『교육학개론』(공저, 정민사, 1983)
『동기위생론』(역, 배영사, 1983)
『장학론: 임상장학방법』(역, 학연사, 1983)
『장학론』(갑을출판사, 1982)
『신장학론』(역, 교육출판사, 1979)

입문 비교교육학

- 초판 인쇄 | 2005년 9월 30일
- 초판 발행 | 2005년 9월 30일

- 지 은 이 | 주삼환
- 펴 낸 이 | 채종준
- 펴 낸 곳 | 한국학술정보㈜
  경기도 파주시 교하읍 문발리 526-2
  파주출판문화정보산업단지
  전화 031) 908-3181(대표) · 팩스 031) 908-3189
  홈페이지 http://www.kstudy.com
  e-mail(e-Book사업부) ebook@kstudy.com
- 등 록 | 제일산-115호(2000. 6. 19)
- 가 격 | 27,000원

ISBN   89-534-3311-8 93370 (Paper Book)
           89-534-3312-6 98370 (e-Book)